HISTOIRE

DE

MARGUERITE D'ANJOU,

REINE D'ANGLETERRE,

Par M. l'Abbé PREVOST,

Aumônier de Son Altesse Sérénissime Monseigneur le Prince de Conty.

QUATRIE'ME PARTIE.

A AMSTERDAM,

Chez FRANÇOIS DESBORDES, vis-à vis la Bourse.

M. D. CC. XL.

HISTOIRE DE MARGUERITE D'ANJOU.

LIVRE QUATRIEME.

EDOUARD n'attendit point qu'on vint le défier dans ses Murs. Il comprit que tout le tems qu'il laisseroit au Comte pour grossir son Armée étoit autant d'avantage qu'il accorderoit contre lui ; & satisfait de la sienne, qui s'étoit extrêmement fortifiée pendant vingt-quatre heures qu'il avoit passées à Londres, il n'eut pas plutôt appris que l'Ennemi avoit paru à S. Albans qu'il partit avec cinquante mille hommes pour lui épargner la moitié du chemin. Ainſi les deux Armées ſe chercherent avec une égale ardeur. Edoüard n'oſant confier à perſonne la garde de Henri , l'avoit tiré de la Tour pour le faire conduire ſous ſes yeux , & ſi ce fut un motif de courage pour ſes Troupes , c'en fut un de fureur pour tous les Partiſans de la maiſon de Lancaſtre. On ſe rencontra près de Barnet , le 14. d'Avril de l'année 1471. jour terrible où le Ciel avoit marqué la déciſion d'un ſi grand differend ! Chacun ſe traitant de rebelle , on n'eſperoit point de quartier après avoir été vaincu ; & tant de haine , comme accumulée entre les deux Partis , ne faiſoit attendre à perſonne ni pitié ni menagement.

Comme la relation de cette celebre Journée conſiſte dans un petit nombre de faits ſimples & précis, il y a peu de difference entre les Hiſtoriens ſur les circonſtances. Soit qu'ils n'ayent fait que ſe copier les uns les autres, ſoit qu'ils ayent écrit ſur des Memoires d'une fidélité égale, ils employent juſqu'aux mêmes termes , & l'on n'eſt point embarraſſé ici par la variété des témoignages. La Bataille de Barnet commença au lever de l'aurore, & dura juſqu'à midi. On n'a peut-être jamais vû deux Armées combattre avec plus de valeur & d'obſtination. Celle du Comte de Vvarwick, quoiqu'inferieure en nombre, commença l'attaque, & ſon premier choc fut ſi impetueux que le Comte ſe flatta d'abord de la victoire, ſur-tout lorſqu'ayant detaché quelques Eſcadrons de ſa troiſiéme ligne pour redoubler la premiere charge, il eut fait perdre tant de terrein aux Ennemis qu'il en vit fuir un grand nombre à toute bride. Mais Edoüard, qui entendoit mieux la Guerre que le Gouvernement, fit avancer auſſitôt ſon corps de reſerve, & prenant l'Armée du Comte en flanc, il la mit à ſon tour dans un deſordre qui changea la face du combat. Il fut difficile au Comte de former aſſez tôt un détachement pour l'oppoſer à une attaque ſi preſſante. Le Comte d'Oxford, qui avoit pouſſé les Troupes d'Edoüard, fit volte face pour suppléer à ce défaut ; mais cette précaution qui pouvoit servir à reparer le mal, en devint un plus grand que celui qu'elle devoit arrêter. Le Comte portoit sur ses armes une Etoile avec des Rayons, ce qui leur donnoit beaucoup de ressemblance avec celles d'Edoüard, dont la devise étoit un Soleil. Un broüillard qui se leva pendant la mêlée n'ayant point permis aux Troupes de Vvarwick de remarquer cette difference, elles y furent si malheureusement trompées, qu'au lieu de recevoir le secours du Comte elles le chargerent brusquement. La confusion qui suivit de cette meprise, favorisa tellement Edoüard qu'il continua de les pousser avec une nouvelle furie. Envain le Comte de Vvarwic, qui s'apperçut d'une si fatale erreur, employa-t'il la main & la voix pour faire ouvrir les yeux à ses gens. Les uns se croyant trahis par leur propre parti, fuyoient vers Edoüard. D'autres qui voyoient prendre à ceux-ci la suite, s'imaginoient qu'Edoüard les attaquoit par derriere,

& se précipitoient comme eux dans les armes de leurs Ennemis. Enfin VVARWICK, entraîné par le desespoir d'une si malheureuse avanture, se jetta dans la mêlée la plus épaisse, autant pour arrêter ses Soldats aveuglez, que pour les venger par des ruisseaux de sang. Il étoit à pied, contre l'usage qu'il avoit toujours observé dans les combats. Toute sa valeur ne l'empêcha point de succomber au nombre. Il tomba percé de coups Montaigu, son frere, s'étant jetté après lui pour le degager, perit presqu'au même moment. Le reste de l'action ne fut plus qu'un carnage effroyable. Edoüard, quoiqu'assuré de la victoire après la mort des deux Chefs, renouvella l'ordre qu'il avoit donné en commençant, de ne faire grace à personne. Son esperance étoit qu'il n'échapperoit aucun des Generaux ; mais le Comte d'Oxford & le Duc de Sommerset s'ouvrirent un passage au travers des Batallons les plus épais. Le Duc d'Excester, qui les suivoit avec la même valeur, fut arrété d'un coup de Lance, qui le fit laisser pour mort sur le champ de Bataille. Cependant, après y avoir demeuré jusqu'au coucher du Soleil, la fraicheur de la nuit servit à lui faire rappeller ses esprits, & il fut assez heureux pour se sauver à la faveur des tenebres.

Après une victoire si éclatante, Edoüard n'eut plus besoin de précautions pour retourner à Londres. Les restes dispersez de ses Ennemis n'oserent se montrer sur sa route. Il fut reçu dans la Capitale avec des acclamations, qui venoient moins de l'interêt qu'on prenoit à son triomphe, que de la joye qu'on avoit de se voir delivré d'une crainte dont tout le monde étoit également saisi. A quels châtimens ne devoit-on pas s'attendre si le Comte de Vvarwick étoit revenu vainqueur? Le corps de ce Heros infortuné fut exposé pendant deux jours dans l'Eglise de S. Paul. Edoüard pensoit moins à verifier sa mort, dont il ne pouvoit rester de doute à personne, qu'à découvrir les dispositions du Peuple dans les temoignages de douleur ou de joye qu'il donneroit à ce ſpectacle. Mais il eut la mortification de voir les ſentimens publics s'exprimer d'une maniere fort éloignée de ſon attente. Un morne ſilence, ſigne extraordinaire de pitié & d'admiration dans le concours d'une prodigieuſe multitude qui ne s'éloigna point de S. Paul pendant ces deux jours, lui fit comprendre à quel degré d'eſtime le Comte de Vvarwick étoit dans toute la Nation. Il en reſſentit un chagrin ſi vif, qu'il abregea le tems qu'il avoit fixé lui-même, & qu'il ſe hâta de faire tranſporter le corps à l'Abbaye de *Bisham*, ancienne ſepulture de la maiſon du Comte.

Henri fut reconduit à la Tour; & le voyage qu'il avoit fait ne pouvoit paſſer pour une interruption dans ſon ſort, puiſqu'il n'étoit point ſorti de la voiture où on l'avoit fait entrer en quittant ſa priſon. Il demanda des nouvelles de la Reine & du Prince. On eut la dureté de lui repondre bruſquement par l'ordre d'Edoüard, qu'il ne reſtoit perſonne de ſa Maiſon ni de ſon Parti,

& que la vie qu'on lui laissoit encore étoit un bienfait du Vainqueur. C'eut été la lui rendre plus insuportable que la mort, s'il eut été capable de sentir toute son infortune.

La Reine vivoit neanmoins; mais elle n'avoit plus d'autre azile que les bras de son fils. Sa douleur en apprenant la deroute entiere de son Armée & la mort du Comte, avoit été jusqu'à faire craindre qu'elle ne se delivrât de tant de maux par quelque violence. Il avoit falu toute la tendresse & tout l'ascendant d'un fils si cher, pour la faire consentir à vivre. Elle s'étoit laissée conduire à Beaulieu, Monastere de l'Ordre de Citeaux, dans la Province de *Ham*, où le Prince de Galles avoit pris la resolution d'attendre s'il ne se rassembleroit point autour de lui quelque debris de ses Troupes. Il la consola par sa fermeté & son courage, car c'étoit pour lui seul qu'elle trembloit. Envain le pressa-t'elle de profiter du voisinage de la Mer pour se mettre à couvert en France. Ce jeune Prince, dont les grandes qualitez se developpoient de jour en en jour, sentit qu'après la mort du Comte, c'étoit sur lui seul que tomboit le soin de ses propres destinées, & de la fortune de sa Maison. Les larmes d'une mere & d'une épouse ne purent lui persuader que l'honneur lui permit d'abandonner toutes ses esperances.

Cependant les Comtes de Pembroock & d'Oxford, qui se rendirent bien-tôt près de lui, paroissoient persuadez comme la Reine; que dans la consternation generale de tous ses amis, il n'avoit point à choisir d'autre parti, que de ceder pour quelque tems au Vainqueur, & d'aller jetter en France les fondemens d'une nouvelle entreprise. Cet avis, qui étoit sans doute le moins dangereux, auroit prévalu sur toutes les resolutions du Prince, si le Duc de Sommerset ne fut arrivé pour le détruire par quantité de raisonnemens specieux. C'étoit lui qui sembloit appellé à succeder au Comte de Vvarwick dans la défense de la Maison de Lancastre, & l'on n'a pas douté que cette vûe n'eut été le principal motif de tous ses conseils. Il represente au Prince & à la Reine, que s'il y avoit quelque chose à esperer de l'affection du Peuple, c'étoit dans la chaleur où il étoit encore, & avant que le tumulte des armes fût entierement appaisé. Tant de Provinces où la guerre ne s'étoit pas fait sentir, offroient non-seulement un azile au Prince, mais de nombreuses Armées que son seul nom ne manqueroit pas de former tout d'un coup. La Reine en devoit-elle douter, elle qui avoit relevé tant de fois la fortune de son Mari d'un état beaucoup plus desesperé, & qui avoit fait valoir si heureusement le nom de son Fils dans les premieres années de son enfance ? La Province de Galles, celles de Sommerset & de Cornouailles étoient remplies de Lancastriens dont on n'avoit point encore mis le zéle à l'épreuve. Il s'engageoit à lever par son seul credit vingt mille hommes dans celle dont il portoit le nom, & il ne demandoit au Prince que de s'avancer avec lui jusqu'à la Frontiere pour admirer l'impression qu'il y feroit par sa presence. Retourner en France, c'étoit se rendre méprisable, non-seulement à toute sa Nation, qui ne reviendroit jamais de l'opinion qu'elle prendroit de sa timidité, mais aux François mêmes dont il iroit implorer la protection, & qui dans leurs idées de courage & d'honneur ne manqueroient pas de l'en juger indigne.

Ces raisons, en augmentant l'ardeur du jeune Prince, firent honte à ceux qui avoient été d'un avis moins téméraire. Le resultat du Conseil, fut d'envoyer d'avance, une partie des Seigneurs dans les Provinces dont l'on esperoit le plus prompt secours, tandis que la Reine & le Prince se rendroient avec le petit nombre de Troupes qui restoient autour d'eux, dans quelque Place de Sommerset-Shire ou du Païs de Galles, où l'on marqueroit le quartier d'assemblée. Après bien des deliberations, on se détermina pour Glocester. Les Comtes de Pembroock & d'Oxford furent chargez de disposer cette Ville à recevoir le Prince. Mais un incident fâcheux qui arriva le lendemain de son départ, mit sa vie dans le dernier peril, du côté où l'on ne voyoit ni trahison ni violence à redouter.

Edouard n'ignoroit pas que la Reine étoit dans le Comté de Dorset, & loin de la regarder comme une Ennemie méprisable, il fremissoit en se rappellant son esprit & son courage, qu'elle fut échappée aux mêmes artifices qui l'avoient fait triompher de son Mari & du Comte de Vvarwick. Son premier soin, en arrivant à Londres, avoit été de faire marcher un détachement considerable vers Dorcester. Il sçavoit qu'elle ne s'étoit point reservé d'autres Troupes que sa Garde. Le Lord Stanley, qu'il avoit choisi pour l'enlever, avoit ordre d'employer moins la force que la ruse; & s'attendant en effet qu'après la perte de son Armée, elle penseroit plutôt à fuir qu'à resister, s'il étoit parti avec quelque crainte, c'étoit, qu'elle n'eut déja gagné la mer pour se hâter de passer en France. Il ne s'étoit occupé pendant la route, que de l'esperance de la pré venir ; mais apprenant à Dorcester, qu'elle s'étoit refugiée dans l'Abbaye de Beaulieu, il regarda sa Commission comme une entreprise aisée. L'opinion qu'il en eut lui parut bien plus certaine, lorsqu'en s'approchant de Beaulieu il fut informé qu'environ douze cens hommes, qui s'y étoient rassemblez sous le Duc de Sommerset, en étoient partis la veille ; & comme la Reine avoit pris quelques mesures pour cacher le départ du Prince & le sien, jusqu'à laisser la Princesse de Galles à Beaulieu avec une partie de ses Gardes, il ne douta point dans la confiance où il étoit d'y trouver la mere & le fils, que son expedition n'eut un succès infaillible. La Reine étoit partie de Londres avec quatre cens hommes pour sa garde ; & quoiqu'elle n'en eut laissé que deux cens à Beaulieu, Stanley qui raisonna sur la supposition qu'elle y étoit elle-même avec toute sa suite, jugea que mille hommes de son détachement suffisoient pour forcer le Monastere. Comme une entreprise de cette nature, paroissoit dépendre de la diligence &

du ſecret, il s'arréta vers la fin du jour à deux milles de Beaulieu, & ſe mettant lui-méme à la téte de mille Cavaliers, il s'aprocha de l'Abbaye par une marche fort légere.

Heureuſement la Reine & ſon fils avoient eu à Doreeſter deux Amis aſſez éclairez pour penetrer le deſſein des Troupes d'Edouard, & aſſèz fidéles pour ſe hâter de leur en donner avis. Ils ne les avoient point trouvez à Beaulieu, mais la viteſſe de deux Hommes à cheval ſurpaſſant beaucoup celle d'un Corps de Troupes, ils avoient eu le tems de les joindre & de les avertir qu'ils étoient pourſuivis. Le jeune Prince, qui ſe voyoit deux journées d'avance, fut peu allarmé pour la Reine & pour lui. Toute ſa crainte ſe réunit ſur ſon Epouſe. On l'avoit laiſſée à Beaulieu dans un tems où l'on ſe croyoit ſur qu'Edouard n'avoit point de Troupes dans la Province, & ne doutant point que toute l'attention de la Cour de Londres ne ſe tournât bien-tôt vers le lieu où elle apprendroit que Marguerite ſe feroit arrêtée avec fon fils, on s'étoit flatté avec raifon, qu'après avoir fervi à favorifer leur marche, la Princeffe les rejoindroit, d'autant plus facilement, qu'Edouard cefferoit d'avoir les yeux ouverts fur la Province de Ham.

Dans fon premier mouvement, le Prince de Galles fut prêt à retourner fur fes pas avec les douze cens Hommes, de Sommerfet. Cependant, lorfqu'on lui eut repréfenté que le détachement de Stanley étant de huit mille hommes, il n'y avoit rien à efperer de la valeur avec tant d'inégalité, il prit une autre réfolution, où il entroit peut-être encore plus d'imprudence, mais qui ne fut combattue de perfonne, par le foin qu'il prit de la déguifer même à fa Mere. Ce fut de choifir quatre Seigneurs des plus réfolus de fa fuite, & de partir avec eux pour gagner par l'adreffe & la diligence, ce qu'il ne pouvoit fe promettre par la force. En mefurant la marche de l'Ennemi, fur le rapport des deux Couriers de Dorcefter, il avoit conçû, qu'avec la vîteffe qu'il vouloit donner à sa course, il pouvoit arriver à Beaulieu avant Stanley, enlever la Princesse; & se sauver avec elle à la faveur des bois & des ténebres. Il n'y avoit que le succès qui pût justifier cette témerité. La Reine tomba dans une mortelle frayeur, en apprenant l'évasion précipitée de son fils. Rien n'auroit été capable de la retenir elle-même, si le Duc de Sommerset ne l'eut rassurée par le fond qu'elle devoit faire sur la prudence & l'attachement du Grand Prieur, que le Prince avoit pris pour un de ses Associez. Elle voulut du moins, qu'à toutes sortes de risques, le Duc s'avançât lui-même vers Beaulieu pour favoriser son retour, & le tems qu'elle fut obligée de passer à l'attendre, fut pour elle un supplice inexprimable.

Le Prince arriva sans peril à Beaulieu; il entra dans le Monastere, d'où il envoya quelques Gardes de la Reine à la découverte. C'étoit le soir qui précedoit la même nuit où Stanley avoit remis l'execution de son dessein. Mais le Prince, qui n'attendoit que les tenebres pour se mettre en marche avec la Princesse ; partit, au même moment peut-être que Stanley commençoit la sienne avec ses mille Cavaliers. La fidelité qu'on eut dans l'Abbaye de répondre que la Reine étoit en marche depuis deux jours, fit perdre à ses Ennemis le desir de la poursuivre. Outre l'avance qu'elle avoit gagnée sur eux, ils demeuroient incertains de la route qu'elle avoit choisie. Stanley se consola de cette mortification par une grosse contribution qu'il imposa au Monastere de Beaulieu à titre de châtiment.

Le Comte de Devonshire, & Venlock, deux Seigneurs qui étoient demeurez fideles à la Reine après avoir quitté le Parti d'Edouard, proposerent de s'arrêter à *Bath*, en attendant qu'on se fut assuré de la disposition de Glocester. Outre la situation du lieu, qui le rendoit capable d'une longue défense, on y pouvoit attendre les levées des Provinces de Cornouailles & de Sommerset avant que de s'engager dans les Pays de Galles. Les Habitans de cette Ville reçurent la Reine & le Prince avec des témoignages d'affection, qui releverent un peu leurs esperances. Mais elles furent augmentées par la promptitude avec laquelle ils virent arriver auprès d'eux, non-seulement les nouvelles Troupes qu'ils faisoient lever dans les Provinces voisines, mais encore tous les restes de l'Armée du Comte de Vvarwick, qui, après avoir erré plusieurs jours par bandes & par pelotons, marquerent par des transports la joye qu'ils avoient de retrouver dans le Prince leur Chef & leur Maître. Tous les Historiens admirent qu'en moins de quinze jours, qui s'étoient à peine écoulez depuis la Bataille de Barnet, les Seigneurs du Parti de la Reine eussent pû lui composer une puissante Armée. Si l'on en cherchoit la cause, il faudroit l'attribuer sans doute à l'incertitude où tous les Partisans de la Maison de Lancastre étoient encore de la conduite qu'Edouard tiendroit à l'égard des Vaincus. La plûpart s'attendant moins à la clemence qu'à la rigueur, aimoient mieux hazarder leur vie dans un nouveau Combat , que de s'exposer à des châtimens honteux ou cruels, tels que les exemples passez les faisoient craindre du Vainqueur.

En effet, la rigueur avec laquelle il commençoit à poursuivre tous ceux dont la soumission lui paroissoit trop lente, étoit capable d'effrayer encore plus ceux à qui il avoit quelque offense particuliere à reprocher. Ayant fait publier une Proclamation dans laquelle il établissoit son droit à la Couronne, il y declaroit Traitres & Rebelles un grand nombre de Seigneurs qu'il supposoit à la suite de la Reine ou employez à son service dans quelque autre lieu. Il ne l'exceptoit pas elle-même de ce titre odieux, ni de la punition qu'il denonçoit à ses Ennemis. Sur la nouvelle qu'il reçut en même-tems de ses nouveaux preparatifs, il se mit à la tête de toutes ses Troupes, pour l'accabler avant que le Comte de Pembroock pût la rejoindre avec les secours du Pays des Galles. Quelque diligence qu'on eût apportée à la servir, elle étoit encore bien éloignée de se trouver aussi forte que le Roi. D'ailleurs elle manquoit d'armes & de munitions. Les Seigneurs lui conseillerent d'abandonner Bath, & de gagner le Pays de Galles, qui lui donneroit, par sa situation, la facilité d'éviter pendant quelque tems le combat. Il n'étoit question que de passer la Saverne avant que le Roi se fût approché. Glocester, qui étoit sur la route, devoit favoriser son passage. On partit dans cette attente. Mais après les promesses qu'on avoit tirées de Glocester, on fut extrêmement surpris de s'en voir fermer les Portes. Le bruit de la marche du Roi avoit fait changer d'inclination aux Habitans. Avec si peu de tems pour s'ouvrir un passage par la force, il fallut gagner celui de Teukelsbury. Edouard les suivoit de si près, qu'en arrivant dans cette Ville, ils mirent en déliberation s'ils commenceroient à passer la Riviere, au risque de le voir tomber sur leur Arriere-Garde, ou s'ils se retrancheroient dans le Parc qui joignoit la Ville, pour y attendre les Troupes du Comte de Pembroock.

Dans la necessité inevitable de s'attacher à l'un de ces deux Partis, la Reine, qui ne pensoit qu'à mettre la vie de son fils à couvert, étoit d'avis de passer. La plûpart des Seigneurs embrasserent son opinion, & s'il en falloit juger par le succès, c'étoit s'attacher au meilleur des deux sentimens. Mais celui du Duc de Sommerset fut de ne pas se deshonorer par une retraite qu'il traita de honteuse. Il representa que sans compter la ruine infaillible de l'Arriere-Garde, une fuite si precipitée, à la vûe de l'Ennemi, alloit décourager tous ceux qui panchoient encore pour la Maison de Lancastre; que le desavantage du nombre pouvoit être reparé par de bons retranchemens, dont on tireroit encore cette utilité que rendant la Reine Maîtresse de la Riviere, elle seroit toujours en état de recevoir par cette voie le Comte de Pembrook. Cet avis l'emporta malgré elle. Mais quoiqu'on ne puisse douter que dans les circonstances du tems & du lieu ce ne fût le seul qu'il y eut à suivre, il demandoit d'être-

ſoutenu par d'autres meſures de prudence, ſans leſquelles il ne pouvoit être que funeſte.

Auſſi-tôt qu'on s'y fut arrêté, on attacha les Travailleurs au Parc, pour y faire un profond retranchement ; & l'ouvrage fut pouſſé avec tant d'ardeur, qu'ayant commencé à l'entrée de la nuit, il fut achevé au jour. Edouard, qui s'étoit campé à peu de diſtance de la Ville, s'approcha pour le reconnoître. Il le trouva ſi bien conduit, qu'ayant à craindre également que la continuation du travail ne le rendit impenetrable, & que le Comte de Pembroock n'arrivât aſſez-tôt pour prevenir ſon attaque, il rangea auſſi-tôt ſon Armée en bataille ſur deux lignes ; c'étoit áſſez pour faire comprendre au Duc de Sommerſet à quoi il devoit s'attendre. Il diſpoſa lui-même ſon Armée en trois Corps derriere ſes Retranchemens. Il donna la conduite de l'un au Comte de Devonshire, & l'autre au Chevalier Venlock, en ſe reſervant le plus avancé, pour ſoutenir le premier choc ; & le Prince de Galles, qui deferoit le Commandement à son experience, voulut être à son côté pour partager le peril avec lui.

Il ne manquoit aucune qualité militaire au Duc de Sommerset ; mais il avoit en tête un Ennemi dont le principal merite étoit d'entendre admirablement la Guerre. Edouard avoit été élevé depuis son enfance au milieu des Armes, & ce qu'il y avoit de plus admirable dans son caractere, étoit d'avoir sçu reunir à cette humeur martiale une passion desordonnée pour les plaisirs des sens, qui le rendoit aussi effeminé pendant la paix, qu'il paroissoit dur & infatigable dans les exercices de la Guerre. Son premier coup d'œil étoit sûr pour juger de la foiblesse ou des forces d'un Ennemi, & toutes les ruses militaires lui étoient si familieres qu'il penetroit tout d'un coup ce qu'il avoit à craindre de l'artifice. C'est même une superiorité que tous ses Historiens lui donnent sur le Comte de Vvarwick, qui dans ses idées de grandeur d'ame & de valeur heroïque, s'arrêtoit aussi peu à decouvrir les stratagêmes de ses Ennemis qu'il dédaignoit d'en employer, & méprisoit tous les avantages qu'il ne devoit point à la force ouverte. J'appuierois moins sur le merite d'un Prince dont mon sujet ne me porte point à faire l'Eloge, si cette penetration même que je lui attribue ne servoit à justifier les plus braves Défenseurs de la Reine, en dissipant les soupçons dont quelques Historiens ont noirci leur fidelité. Edouard avoit observé dans les Retranchemens de ses Ennemis une ouverture qui ne lui parut pas ménagée sans dessein, & rendant justice à l'habileté du Duc de Sommerset, il ne douta point que ce ne fut une voie qu'il s'étoit preparée pour le poursuivre, en supposant qu'il repoussât heureusement la premiere attaque. Il se promit de faire tourner la ruse contre lui-même; le Duc de Glocester qui commandoit sa seconde ligne, eut ordre de s'avancer de ce côté-là, & d'attaquer dabord le Retranchement avec la derniere furie, mais de molir ensuite par degrez, jusqu'à feindre d'être entierement rebuté. Edouard

s'étant

s'étant posté derriere lui à quelque distance, demeura tranquilement témoin de l'assaut. Son frere n'eut pas plutôt feint de reculer, que le Duc se précipitant sur lui par l'ouverture, le força de tourner serieusement le dos, & peut-être l'artifice d'Edouard auroit-il été funeste pour sa propre ligne, si Venlock eut été aussi prompt que Sommerset à sortir avec son Corps de Troupes. Mais celles du Duc de Glocester s'étant ouvertes en fuyant, suivant l'ordre qu'elles en avoient reçû, laisserent voir à l'Ennemi, Edouard, qui s'avançoit en bon ordre pour le recevoir. Faisant même un demi cercle pour retourner aussitôt à la charge, elles paroissoient prêtes des deux côtez à prendre le Duc en flanc, & rien ne l'auroit sauvé d'une attaque si habilement partagée. Il conçut tout d'un coup qu'il s'étoit livré avec imprudence. Le desespoir qu'il en eut lui fit même soupçonner Venlock de l'avoir trahi. Il ne pensa qu'à faire volte-face pour regagner le Camp. Mais la diligence de l'Ennemi égalant la ſienne, il ne put empêcher que les Gens du Duc de Glocester, qui, par le tour qu'ils avoient fait, ſe trouvoient preſque auſſi avancez que lui ſur les ailes, n'arrivaſſent aſſez-tôt à l'ouverture du retranchement pour charger ſa queuë, & n'entraſſent impetueuſement après lui. Ce fut dans la fureur dont il fut tranſporté à cette vûë, que s'approchant impetueuſement de Venlock, il lui fendit la tête d'un coup de ſa hâche d'armes. Le ſécret de la trahiſon fut étouffé dans le ſang du Perfide; mais ſi elle étoit réelle, l'effet en fut ſi terrible qu'il devint impoſſible à la prudence de Sommerſet & à la valeur du Prince de Galles d'y apporter le moindre remede. Le Duc de Glocester, qui croyoit avoir à reparer la fauſſe opinion qu'on avoit pû prendre de ſa fuite, faiſoit un carnage incroyable dans le Camp; & la vûë d'Edoüard, qui n'étoit plus qu'à deux pas de l'ouverture, acheva d'ôter le courage à ceux qui s'efforçoient encore de ſe défendre. Le retranchement, qui n'avoit été fait que pour leur conſervation ; fut un obſtacle cruel pour les empêcher de ſe ſauver par la fuite. Bientôt ils jetterent leurs Armes, pour attendre à genoux le coup de la mort ou la grace du Vainqueur. On auroit eu peine à retenir la Reine, qui vouloit ſe précipiter dans la mêlée où elle voyoit combattre ſon fils ; mais un profond évanoüiſſement, qui ſuivit bientôt de ſi mortelles agitations, donna le tems à quelques Domeſtiques de la mettre ſur un chariot. Etant ſortis heureuſement par une des portes du Parc, ils la tranſporterent dans cet état à quelques milles de Teukelſbury, dans un Monaſtere dont les Hiſtoriens ne nous ont pas laiſſé le nom.

Il faloit des miracles pour degager le Prince de Galles & le Duc de Sommerſet ; mais le Ciel ne leur en reſervoit pas. Le Duc de Glocester s'étoit attaché autour d'eux avec ſes meilleures Troupes. Après s'être long-tems défendus avec une valeur qui fit l'admiration de leurs Ennemis, ils furent pris les Armes à la main ; & l'on remarqua que celui qui se saisit du Prince, prit le moment où s'étant élancé sur un des Combattans, qu'il renversa d'un coup mortel, il ne put retirer le bras assez vîte pour empêcher qu'on ne le desarmât. Cette observation donne l'idée d'un combat bien opiniâtre & bien serré ; mais elle ne blesse aucune vraisemblance, dans un tems où les Armes à feu avoient encore peu de part aux mêlées les plus sanglantes, & où les coups les plus terribles étoient ceux de la Hâche d'Armes & de l'Epée.

Edoüard, qui avoit tant de fois ordonné dans les Batailles qu'on ne fit grace à personne, arrêta le carnage aussitôt qu'il eut appris que le Prince & le Duc de Sommerset étoient prisonniers. Il dedaigna même de faire arrêter une multitude de malheureux, qui attendoient encore leur sentence à genoux. La plupart des Seigneurs avoient eu le même sort que le Prince & le Duc, à la reserve de Comte de Devonshire & du Lord Beaufort, qui perdirent la vie en se défendant.

Une victoire si complete, suivie

de la captivité du Prince & de ses principaux Partisans, assuroit à Edouard la possession de la Couronne & tous les avantages qu'on lui avoit disputez. La Reine même ne pouvoit lui échapper. Quel besoin avoit il d'ensanglanter son triomphe ? Ceux qui ont prétendu justifier sa cruauté, soutiennent que s'il étoit tombé entre les mains de la Reine, soit à Barnet soit à Teukelsbury, il ne devoit s'attendre qu'à perir sur un échaffaut ; & l'interêt de sa sûreté sembloit l'autoriser à faire subir à ses Ennemis le traitement qu'il n'auroit pas manqué d'en recevoir. Mais s'il se croyoit aussi sûr de ses droits qu'il l'étoit desormais de l'emporter par la force, que ne remettoit-il sa vengeance à l'autorité du Parlement, & que ne se couvroit-il du moins des formes de la justice pour déguiser la noirceur de ses ressentimens ? Les passions violentes ne se reposent pas volontiers de leur satisfaction sur autrui, & c'est le caractere particulier de la haine, de se plaire à la vûë du sang qu'elle verse de ses propres mains.

A peine Edoüard eut-il donné ſes ordres pour la diſpoſition des circonſtances, qu'il ſe fit amener le Prince de Galles, dans un Pavillon du Parc, où il étoit avec les Ducs de Clarence & de Glocefter, le Lord Haſtings & le Marquis de Dorſet. Les Gardes qu'on avoit donnez d'abord au jeune Prince, ne lui avoient point réfuſé la douceur d'embraſſer ſon Epouſe. Elle s'étoit obſtinée à demeurer dans le Camp, après la retraite de la Reine, & voyant ſon Mari priſonnier, elle s'étoit du moins raſſurée pour ſa vie, qui lui avoit cauſé des frayeurs mortelles pendant le combat. Toute la crainte qui pouvoit lui reſter étoit de le voir arracher auſſi-tôt de ſes bras, pour être condamné comme le Roi ſon Pere aux horreurs d'une Priſon perpetuelle. Mais dans cette attente même elle trouvoit de la conſolation à penſer qu'il lui ſeroit permis d'y paſſer avec lui le reſte de ſes jours, & cette idée la ſoutint encore, en le quittant. Edoüard le voyant paroître, ſe leva bruſquement, & s'approchant de lui avec une espece d'impatience ; il lui demanda d'un ton imperieux ce qu'il étoit venu faire dans ses Etats. Le Prince, sans marquer la moindre émotion, lui répondit avec une noble fierté, qu'il étoit venu pour se remettre en possession d'un bien qui lui appartenoit, & qui lui étoit ravi injustement. Cette réponse déconcerta le Vainqueur, qui ne s'attendoit point à tant de fermeté dans un jeune homme de dix-huit ans. Il le regarda quelque-tems, sans repliquer, comme s'il eut cherché à se remettre pendant ce silence ; & cedant enfin au mouvement de rage qui s'élevoit dans son cœur, il lui donna un coup de son Gantelet sur le visage. Ayant tourné le dos aussitôt, les quatre Seigneurs qui étoient avec lui, se jetterent sur le malheureux fils de Henri, *comme des bêtes féroces*, & le tuerent à grands coups de poignards.

Les Historiens perdent ici de vûe la Princesse de Galles ; mais c'est pour se livrer aux sentimens d'une compassion qui semble les toucher encore plus vivement pour sa Mere. Rapin même, dans toutes les occasions de representer les justes douleurs de cette grande Reine, perd le ton sec qui est comme le caractere de son stile, & s'abandonne à des descriptions dans lesquelles il s'oublie. Il paroît balancer entre le sentiment de ceux qui la font tomber dans les mains de l'Ennemi, immédiatement après que les lignes de Teukelsbury eurent été forcées, demi-morte de frayeur & d'inquietude pour le sort de son fils, & qui la font conduire à Edoüard dans cet état; mais on apperçoit si peu de liaison dans la suite de leur recit, qu'ils n'ont pensé vraisemblablement qu'à l'orner par une image touchante, & je m'attache plus volntiers à ceux que j'ai deja pris le parti de suivre.

On ne garda point assez de mesures, en apprenant à Marguerite la mort du Prince, . pour menager les premiers mouvemens de la fureur d'une Mere. Dans un caractere aussi élevé que le sien, l'excès de l'indignation & de la douleur devoit être

sujet

ſujets à d'étranges tranſports. Auſſi s'abandonna-t-elle à tous les emportemens que de ſi violentes paſſions pouvoient produire. Elle avoit dédaigné les cris & les pleurs, tant qu'elle avoit vû quelque reſſource dans la vigueur de ſes reſolutions & dans le ſecours des armes. Mais en perdant tout à la fois & les moyens & le motif de ſe defendre, elle ne voulut employer ſa vie, qu'on ſauva malgré elle de ſes propres mains, qu'à irriter la juſtice du Ciel contre Edouard par ſes imprecations & par ſes larmes. Ce fut le ferment qu'elle fit dans la preſence de Stanley, qui avoit été envoyé pour ſe ſaiſir d'elle après la Bataille. Foible ſoulagement, ſans doute! menace impuiſſante, que des Vainqueurs plus humains auroient pardonnée à la force de ſon affliction. Mais après avoir poignardé le fils, on ne cherchoit qu'un pretexte pour ſe défaire de la mere. Stanley recueillit toutes les expreſſions injurieuſes qu'elle avoit proferées contre le Roi; & l'arrachant du Monaſtere où elle s'étoit refugiée, il la conduisit à Vvorcester; où en la présentant à ce Prince, il produisit les nouveaux crimes dont elle venoit de se charger contre lui. Il s'en fallut peu qu'Edouard n'abusât sur le champ d'une si misérable raison de lui ôter la vie. Cependant un moment de reflexion sur l'indignité de ce dessein, lui fit prendre le parti de l'envoyer à Londres, pour y subir la sentence du Parlement sur les crimes de trahison & de leze-Majesté. Celle du Duc de Sommerset, & du Grand-Prieur ne fut pas differée si long-tems. Ils furent conduits le même jour à l'échaffaut dans la place publique de Vvorcester, avec plusieurs personnes de moindre marque, qui avoient été pris en combattant ou dans leur fuite.

Stanley, ancien Ennemi de Marguerite, se rendit digne de sa commission par la dureté avec laquelle il continua de la traiter dans sa route. Envain se promit-elle en entrant à la Tour qu'on lui accorderoit la liberté de se consoler avec son Mari, ou celle du moins de recevoir dans sa Prison la Princesse de Galles, sa Belle-fille, qui s'étoit fait conduire à Londres sur ses traces. Elle fut renfermée pendant quelques jours dans un cachot des plus obscurs, & l'on ne se relâcha de cette rigueur qu'après l'avoir percée d'un autre coup, qui sembloit manquer pour mettre le comble à son infortune.

Edouard perdit en arrivant à Londres le dessein qu'il avoit eu de la soumettre à la Justice du Parlement, & retenu par la considération de son sexe, ou par la crainte de ne pas trouver ce Tribunal aussi animé que lui contre une Femme, il prit la resolution de la tenir resserrée pendant toute sa vie dans une situation qui ne lui causeroit plus d'allarmes. Mais il conçut que pour lui ravir toute esperance de se relever jamais de sa chute, il falloit lui ôter jusqu'à l'occasion de former de nouveaux desseins. Henri, qui étoit renfermé dans la même Prison, lui causoit peu d'inquietude ; mais c'étoit un nom dont Marguerite pouvoit encore abuser. Sur cette seule crainte il prononça la sentence de ce malheureux Prince. Le Duc de Glocester embitionna la gloire de l'execution ; sa main qui venoit de se plonger dans le sang du fils, ne devoit pas être plus tremblante à percer le sein du Pere Il ne se fit pas repeter deux fois le même ordre, & se rendant seul à la Tour, il accompagna ce barbare office de toutes les circonstances qui pouvoient en faire un amusement pour son humeur cruelle & sanguinaire.

Henri vivoit dans les exercices qui convenoient à sa solitude & à son naturel. Il s'en étoit fait une habitude, pendant une longue Prison, qui n'avoit été interrompuë que par sept ou huit mois de liberté. Des Reliques, quelques Livres de Religion, un Oiseau qu'on lui avoit laissé par faveur, le soin d'entretenir lui-même de la netteté dans sa demeure, faisoient ses occupations continuelles & bornoient peut-être tous ses desirs. Ses Geoliers avoient eu l'humanité de lui cacher le sort de son fils, & la curiosité ne lui venoit pas de s'en informer. Un Prince de ce caractere étoit du moins respectable par sa simplicité & son innocence. Mais le Duc de Glocester, se faisant un jeu de ce qui auroit attendri un cœur moins farouche, le railla d'abord du goût qu'il prenoit à des occupations si badines ; & lui declarant qu'il étoit question d'affaires beaucoup plus serieuses, il lui apprit les derniers malheurs de sa Maison & celui qui le menaçoit lui-méme. Il se vanta dans la suite d'avoir voulu mettre son courage à l'épreuve, en observant s'il étoit capable de quelque fermeté au recit de ses infortunes, & en lui laissant le tems de recueillir son attention & ses forces pour éloigner du moins sa mort par quelqu'ombre de resistance. Mauvaise plaisanterie d'un Barbare. Le bon Roi pensa aussi peu à lui repondre qu'à defendre sa vie. Ayant compris, en l'écoutant, qu'il touchoit à sa derniere heure, il ne marqua l'impression que faisoit sur lui la mort du Prince de Galles que par une espece d'ardeur pour le rejoindre. Il se jetta à genoux, en levant les yeux

& les bras vers le Ciel, & il tendit l'estomac au Duc, qui n'attendit pas plus long-tems à lui enfoncer son poignard dans le cœur.

Mais cette Scene devint encore plus terrible par sa fin. Le Duc de Glocester, après avoir vû expirer le Roi, fit prendre son corps par les Geoliers, & s'étant fait conduire au cachot de Marguerite, il lui offrit brusquement cet affreux spectacle, pour ne lui laisser aucun doute qu'elle n'eût perdu tout reste d'esperance, ou de droit au Trône d'Angleterre. Elle tomba sans connoissance, en voyant la playe sanglante qu'on eut soin de lui montrer au sein de son Mari. Le Duc la laissant dans cet état, fit transporter le Cadavre à l'Eglise de Saint Paul, où il demeura exposé pendant plusieurs jours; la haine d'Edouard alla jusqu'à lui refuser la sepulture dans l'Eglise de Vvestminster, & ce fut comme à regret qu'il donna la permission de l'enterrer dans un Village (*a*) obscur à quelque distance de Londres.

(*a*) A Chelsea.

Cependant comme si cette mort eut achevé de calmer toutes ses craintes, il affecta bien-tôt de traiter la Reine avec plus de douceur. Un Historien attribuë l'honneur de ce changement à la Reine Elizabeth, qui ne pouvoit avoir oublié les faveurs qu'elle avoit reçuës d'elle dans sa disgrace. Marguerite fut transferée de son cachot dans un appartement commode, où elle eût la liberté de recevoir ses amis, & où le Roi permit même, à la fin, qu'elle reçut indifferemment tous ceux qui se presentoient pour la voir. Les Historiens laissent ici un vuide de quelques années, pendant lesquelles on ignore de quoi elle s'occupoit particulierement dans sa prison. Cependant, ce fut necessairement dans cette intervalle qu'elle y vit les Comtes de Pembroock & de Richemont, dont l'Histoire se trouve liée dans la suite avec la sienne par quelques évenemens qui ne peuvent avoir eu leur source dans un autre tems.

Pembroock, qui n'avoit pû se hâter assez pour la rejoindre avant la

Bataille de Teukelsbury, étoit obligé sans doute à la fortune de l'avoir sauvé avec son Neveu des perils de cette fatale journée ; mais son embarras n'en étoit pas moindre dans les Montagnes du pays de Galles, où il se trouvoit encore avec ses Troupes. Trop foible pour entreprendre seul de soutenir la Maison de Lancastre, il prit enfin le parti de les congedier, & il se retira avec le jeune Comte dans la partie des Montagnes où il se flattoit d'avoir le plus d'amis. Edouard, quoique satisfait en apparence de leur avoir vû prendre le parti de la soumission, desiroit ardemment d'avoir entre les mains ces deux Seigneurs, les seuls qui pussent encore lui causer de l'inquietude. Il ne pouvoit faire marcher ses Troupes contr'eux, sans leur inspirer de la défiance ; c'eut été les avertir proprement de sortir du Royaume, & dans un pays d'ailleurs où ils avoient autant d'amis qu'il y avoit d'Habitans ; rien n'étoit si incertain que le succès de la force ouverte. Mais ayant recours à la ruse, il envoya dans les Montagnes un Ecossois nommé *Vaugham*, homme adroit & resolu, qu'il chargea de tout employer pour se saisir d'eux, ou pour leur ôter la vie. Vaugham manqua de discretion. S'étant vanté mal-à-propos de sa commission, le Comte de Pembroocк en fut averti, & feignant de donner le premier dans le piege qui lui fut tendu, il surprit son assassin & le tua. Après une action si hardie, il fallut penser à se défendre, ou à chercher une retraite hors du Royaume. Le dernier de ces deux partis lui parut le plus sûr pour la conservation du jeune Comte, qui étoit desormais l'unique esperance de la Maison de Lancastre. Mais ne pouvant douter que le Roi n'eut pris d'autres mesures pour les faire arrêter dans les Ports voisins, il forma un dessein fort temeraire en apparence, & le seul neanmoins qu'il crut propre à mettre son Neveu à couvert. Ce fut de se déguiser avec lui, & de partir sans suite pour traverser le Royaume jusqu'à Londres. Edouard ne s'imagina point en effet qu'il dut chercher ses

Ennemis dans le centre de ses Etats; ni les attendre au milieu de sa Capitale. Ils arriverent heureusement à Londres, & le hazard leur fit trouver un Vaisseau prêt à partir pour la Bretagne, dans lequel ils auroient pû s'embarquer sur le champ, si le Comte de Pembroock, qui apprit avec quelle facilité l'on commençoit à voir la Reine, n'eut voulu se procurer une satisfaction dont il se flatta de tirer beaucoup d'utilité.

Dans un âge peu avancé, Henri Comte de Richemont étoit déja capable de cette moderation & de cette sagesse, qui lui firent meriter dans la suite le titre du *Salomon* de l'Angleterre. Si le Comte son Oncle n'osa risquer de l'introduire avec lui dans la prison de la Reine, il ne craignit point de l'abandonner pendant quelques momens à sa propre conduite, & bravant lui-même tous les dangers, il surmonta à la faveur de son déguisement les difficultez d'une entreprise qui auroit fait trembler un cœur moins intrepide. Mais il avoit compté avec raison de n'être reconnu de personne, puisque la Reine eut peine elle-même à percer les voiles dont il s'étoit couvert. Cependant elle ne put le trouver si changé par les soins qu'il avoit employez pour déguiser sa figure, qu'elle l'étoit elle-même par ses douleurs ; & la vûë d'un ami si fidéle parut servir moins à la consoler qu'à renouveller ses larmes.

Après en avoir donné beaucoup au souvenir de tant d'infortunes, elle marqua non-seulement de la reconnoissance au Comte pour le sentiment d'amitié qui l'interessoit encore à sa situation, mais autant de joie qu'elle étoit capable d'en ressentir en apprenant qu'il passoit en France avec l'unique rejetton de la Maison de Lancastre. C'étoit faire entendre qu'elle prenoit part encore à la fortune de cette malheureuse Maison, & le Comte qui étoit venu avec cette esperance, s'applaudissoit déja de la voir entrer d'elle-même dans cette disposition. Mais elle ne tarda point à lui déclarer que ce n'étoit qu'un sentiment de

cœur, auquel ses inclinations, non plus que sa fortune, ne lui permettoient de rien ajouter. " L'ambition,
„ lui dit-elle, avoit pû se joindre
„ à la tendresse qu'elle avoit pour
„ son Fils, pour l'engager dans une
„ course penible ; & d'autres pas-
„ sions, qu'elle ne desavouoit pas,
„ avoient augmenté l'ardeur natu-
„ relle qui lui avoit fait sacrifier tout
„ le repos de sa vie à ses deux sen-
„ timens. Mais après en avoir recueil-
„ li des fruits amers, elle n'avoit
„ plus d'autre emploi à faire de la
„ vie que pour pleurer ses malheurs,
„ & toutes ses passions s'étoient éva-
„ nouies avec les motifs qui les
„ avoient fait naitre. Elle lui con-
„ fessoit donc que la joie qu'elle
„ avoit de le voir passer en France,
„ ne venoit que de son interêt pro-
„ pre, qui lui avoit fait souhaiter de
„ trouver quelque personne fidéle
„ qu'elle put charger d'une commis-
„ sion particuliere auprès du Roi
„ son Pere. Depuis que la fortune
„ l'avoit accoûtumée à ne rien trou-
„ ver de surprenant dans les plus
„ affreuses disgraces, elle ne laissoit

„ pas de reſſentir une peine fort vive
„ de ſe voir ſi negligée de ſon Pe-
„ re, qu'il ne lui avoit donné au-
„ cune marque de ſouvenir & d'inte-
„ rêt dans ſa priſon. Elle ne voyoit
„ plus neanmoins d'autre reſſource
„ que les ſollicitations de ce Prince
„ pour obtenir ſa liberté; & l'uſage
„ qu'elle en vouloit faire n'étant que
„ pour ſe devouer à une autre ſorte
„ d'eſclavage dans le premier Cou-
„ vent où l'on conſentiroit à la rece-
„ voir, elle ſe permettoit de deſirer
„ ce changement, dont tout l'avan-
„ tage ne regardoit que ſon ſalut
„ éternel.

Le Comte qui ne s'étoit point attendu à lui trouver cette indifference pour les affaires d'Angleterre, & qui ne pouvoit même ſe perſuader qu'elle eut renoncé à ſe venger d'Edouard, prit occaſion, pour l'interrompre de la crainte qu'elle marquoit de n'avoir plus d'autre reſſource que les ſollicitations du Roi ſon Pere. Il lui fit enviſager une protection plus certaine dans celle du jeune Comte ſon Neveu. Ses grandes qualitez étoient déja

connuës de toute la Nation. „ Si son
„ âge & les circonstances ne lui per-
„ mettoient pas encore de faire écla-
„ ter ses pretentions, il ne passoit
„ en France que pour y fortifier des
„ desseins dont il avoit déja jetté les
„ fondemens. Au premier succès de
„ ses entreprises, Marguerite à qui
„ la Maison de Lancastre avoit
„ tant d'obligations, devoit comp-
„ ter de se voir retablir dans tous
„ ses honneurs, avec plus de dis-
„ tinction que les Anglois n'en
„ avoient jamais accordé aux Rei-
„ nes Douairieres. Ce qu'on lui de-
„ mandoit, dans l'intervalle, étoit
„ uniquement d'entretenir les espe-
„ rances des amis à qui on laissoit
„ la liberté de la visiter, & de se te-
„ nir prête à seconder les projets
„ du Comte avec sa fermeté & son
„ intelligence naturelle, au moment
„ qu'on lui ouvriroit les portes de
„ sa prison. Il ajouta neanmoins que
„ si elle avoit quelque chose à com-
„ muniquer à son Pere, il se char-
„ geroit d'autant plus volontiers de
„ cette commission, qu'il avoit be-
„ soin pour son Neveu & pour lui-

„ même d'une recommandation puis-
„ sante à la Cour de Louis XI. &
„ que rien ne pouvoit leur être plus
„ agreable que d'y paroitre avec
„ celle du Roi de Sicile. Il expli-
„ qua le dessein où il étoit de pren-
„ dre par la Bretagne, en profitant
„ d'un Vaisseau qui n'attendoit que
„ le vent pour mettre à la voile.
Enfin, se flattant d'avoir fait impression sur l'esprit de la Reine, il se chargea d'une Lettre qu'elle lui remit pour
son Pere, & il partit extrêmement satisfait de cette conference.

Ce n'est pas que Marguerite lui eut fait connoître par sa réponse qu'elle se fut renduë tout à-fait à ses offres. Mais il suffisoit au Comte de s'être ouvert à elle d'une partie de ses intentions, pour esperer qu'elle regarderoit la cause du jeune de Richemont comme la sienne, & qu'en attendant les occasions de le servir ouvertement, elle soutiendroit l'affection & le zéle dans le cœur de ses Partisans. Il s'embarqua donc avec son Neveu sur le Vaisseau Breton. Outre l'avantage d'un prompt départ, il s'étoit app'aidi d'une rencontre qui sembloit augmenter leur sureté en leur épargnant les risques du passage à Calais. Leur route fut en effet fort heureuse. Mais avant que de quitter la Bretagne, pour se rendre à Aix où le Roi de Sicile continuoit son séjour, la curiosité les ayant portez à visiter la Cour du Duc, ils y furent arrêtez, sans pouvoir soupçonner à qui ils devoient un si mauvais office. Dans le partage des Historiens, dont quelques uns pretendent qu'ils s'étoient fait connoître eux-mêmes au Duc, & que lui ayant demandé la permission de passer dans ses Etats, ils reçurent pour réponse qu'ils pouvoient lui être trop utiles pour n'y être pas retenus malgré eux, je ne balance point à rejetter un sentiment qui déshonore tout à la fois la generosité du Duc de Bretagne, & la prudence du Comte de Pembroock. Il me paroît plus vrai-semblable, comme je le rapporte après plusieurs autres Ecrivains, qu'ayant paru sans déguisement à la Cour de Nantes, quoique sous des noms supposez, ils y furent

rent reconnus par quelque partisan d'Edouard, qui en avertit le Duc, & que dans un tems où la Tréve entre l'Angleterre & la Bretagne avoit été si souvent violée qu'on ne sçavoit à quoi s'en tenir entre les deux Puissances, Pierre Landais, Ministre du Duc, porta son Maitre à les faire arrêter, dans la seule vûe d'obtenir de meilleures conditions d'Edouard, en faisant valoir l'occasion qu'on avoit de lui nuire. La conduite même que le Duc tint avec ces deux illustres Prisonniers, semble justifier ses intentions. Il leur assigna la Ville de Vannes pour demeure, avec une pension considerable; & s'ils eurent des Gardes, qui leur firent une prison réelle de cette Ville, ils n'en furent pas moins traitez avec tous les honneurs qui convenoient à leur naissance.

Mais le fond que Marguerite avoit fait sur une voye si sûre pour donner de ses nouvelles au Roi son pere, lui manquant ainsi par un malheur dont elle ne peut être informée, elle fut si touchée de la dureté qu'elle se croyoit en droit de reprocher jusqu'aux personnes de son sang, qu'après avoir resisté à tous les effets de la haine dans les coups qu'elle avoit reçus de ses Ennemis, elle ne put supporter de se voir abandonnée par ceux dont elle avoit droit d'attendre de l'amitié. Ce fut apparemment vers ce tems là, que ne trouvant personne à qui elle put proposer de faire le voyage d'Aix, pour reveiller la tendresse du Roi de Sicile, elle fit écrire au Comte d'Oxford, qui s'étoit sauvé heureusement en France après la Bataille de Teukelsbury. Cette Lettre dont elle avoit dicté les termes, fut rendue au Comte, & piqua si vivement sa compassion, que par un mouvement de zéle, auquel le témoignage de tous les Historiens, donne à peine quelque degré de vrai-semblance, il entreprit d'ouvrir les portes de sa prison. Après avoir pressenti inutilement. Louis XI. qui voyoit Edouard desormais trop bien établi pour s'attirer sa haine en lui causant de nouvelles inquietudes, il ne prit conseil que de lui-même, & il ne mit sa confiance que dans ses propres résolutions. Avec l'argent de quelques Pierreries, qu'il avoit emportées dans sa fuite, il s'attacha soixante-quinze hommes, tant Anglois que François; & les ayant engagez par un affreux serment à le seconder avec autant de fidelité que de courage, il s'embarqua secretement avec eux sur la côte de Normandie, sans autre précaution qu'un Passeport que Louis XI. ne pouvoit lui refuser. Ayant épousé une sœur du Comte de Vvarwick, il s'attendoit de trouver dans Vauclerc, Gouverneur de Calais, le même attachement que ce Gentilhomme avoit marqué constamment pour son beau-frere; & sans l'engager neanmoins dans aucune démarche ouverte qui pût nuire à sa fortune, il ne se proposoit de lui confier son dessein que pour obtenir de lui, qu'il favorisât le passage de la Reine après son évasion. Mais s'étant approché de Calais, la premiere nouvelle qu'apprirent quelques-uns des gens à qui il fit prendre terre dans sa Chaloupe, fut que le brave Vauclerc étoit mort deux jours auparavant, avec quelque soupçon d'avoir été empoisonné par l'ordre d'Edouard; qui ne pouvoit lui pardonner sa fidélité pour le Comte de Vvarwick, & qui l'avoit assez menagé neanmoins dans le poste important qu'il occupoit, pour n'avoir osé l'en punir ouvertement. Ce contretems ne diminua point l'ardeur du Comte. Il s'approcha de la Côte d'Angleterre, & il eut la hardiesse d'y descendre avec une partie de ses gens, en laissant le reste pour la garde de son Vaisseau. Il avoit choisi à la verité un endroit écarté, & dans le voisinage d'un Gentilhomme nommé *Rovv* à qui il avoit une parfaite confiance. Son projet étoit de gagner Londres pendant la nuit avec les plus resolus de ses gens, & de profiter de la facilité qu'on avoit à voir la Reine pour l'enlever par adresse ou par force. Mais *Rovv*, qui lui étoit effectivement fort attaché, lui inspira d'autres idées, ausquelles on auroit peine à décider si la crainte eut plus de part que le courage. Il lui apprit que le Bâtard de Falcombridge, avoit eu la tête coupée depuis quelques jours, pour avoir entrepris de tirer la Reine de sa prison, & que cette Princesse avoit été resserrée plus étroitement. Thomas *Nivill*, fils naturel du Lord Falcombridge, avoit été créé Vice-Amiral de la Manche sous l'administration du Comte de Warwick. Ayant perdu cet Emploi après le rétablissement d'Edouard, il n'avoit pas laissé de conserver assez d'autorité sur quelques-uns des Vaisseaux de l'Etat, pour les engager pendant quelque tems à servir Marguerite & son fils. Ses services n'avoient pû avoir d'autre objet, sur Mer, que de chagriner Edouard en pillant divers Ports attachez à son Parti; mais l'indignation qu'il avoit eue de sa cruauté après la bataille de Teukesbury, lui avoient fait remonter la Tamise jusqu'à Londres, & sa hardiesse avoit été jusqu'à mettre le Roi dans quelque danger pour sa vie ou pour sa liberté. Cependant l'imprudence qu'il eut de s'arrêter trop long-tems à terre avec une partie de ses Gens, donna le tems à ce Prince de faire avancer quelques Troupes qu'il avoit encore près de Londres. Il se trouva ainsi dans la necessité de s'enfermer à *Sandvich*, où il se retira en bon ordre, tandis que ses Vaisseaux avertis du peril où il s'étoit engagé, se hâterent de regagner la Mer. Il auroit infailliblement succombé aux forces d'Edoüard, qui seroient bientôt devenues assez nombreuses pour l'accabler dans cette retraite, s'il n'eut pris le parti de proposer une composition que les circonstances firent accepter. Mais à peine s'étoit-il vû libre à Londres, que s'étant ouvert quelque accès à la Tour, il avoit été surpris dans une entreprise formée pour delivrer la Reine; & le Roi qui ne cherchoit que l'occasion de reveiller des crimes qu'il lui avoit pardonnez malgré lui, l'avoit envoyé sur le champ au supplice. Row fit moins ce recit au Comte d'Oxford pour le réfroidir, que pour lui inspirer un projet plus étendu. Les Vaisseaux du Bâtard étoient encore à roder sur les côtes, & l'on ne doutoit point que la crainte du châtiment ou le goût de la licence ne les retint dans ce desordre aussi longtems qu'Edouard n'employeroit point des forces superieures pour les reduire. Que ne les engagez-vous, dit Row au Comte, à seconder votre entreprise? Ou plutôt, que ne saisissez-vous une si belle occasion pour tenter quelque chose de plus important contre les Assassins de Henri?

Cette proposition fut si avidement reçuë du Comte d'Oxford, que rentrant aussi-tôt dans son Vaisseau il n'eut d'embarras qu'à trouver ceux dont on lui garantissoit les services. Ne doutant point que pour leur propre sûreté, ils ne cherchassent les lieux d'où ils pouvoient prendre à tout momment le large, il tourna malheureusement au Sud de l'Angleterre, & cotoyant toujours la terre, il se flatta pendant plusieurs jours de ne pouvoir les manquer. Cependant après avoir fait inutilement le tour d'une partie de l'Isle jusqu'à la Province de Cornouailles, le besoin d'eau & de vivres le força de prendre terre à Saint Michael - Mont. Il n'avoit rien à redouter dans un lieu si éloigné de la Capitale. Au contraire, l'inclination des Habitans s'étant declarée pour lui au premier bruit de son nom, il se flatta peut-être trop légerement, que sans le secours des Vaisseaux qu'il cherchoit, il se feroit un Parti d'autant plus considerable dans la Province, qu'il ne paroitroit demander, que des secours volontaires. Il debarqua tous ses gens dans cette esperance, & faisant repandre, qu'il étoit venu pour venger le meurtre cruel de Henri & du Prince de Galles, & pour soutenir les interêts de leur Sang dans la personne du jeune Comte de Richemont, il se vit en peu de jours un Corps plus nombreux qu'il n'auroit osé l'esperer dans un espace si court. Mais ses Troupes manquoient d'armes, ou n'étoient fournies que de vieilles Epées & Arbalêtes, qui commençoient à ne pas suffire dans un tems où les Armes à feu se perfectionoient de jour en jour. Avant qu'il

pût

pût tirer des Provinces voisines les secours qui manquoient à celles de Cornouailles, le Lord Stanley s'avança si fierement à la tête de quinze mille hommes, qu'ayant dissipé les Mutins à son premier aspect, il força le Comte de se renfermer avec ses soixante & quinze hommes dans le Château de Saint Michael-Mont. Quoique la situation du lieu le rendit capable d'une longue défense, il y avoit si peu d'apparence d'en pouvoir tirer la moindre utilité, & le sort du Comte étoit si clair lorsqu'il seroit forcé de se rendre, qu'il prit le parti de capituler dès les premiers jours. Stanley avoit toujours été de ses amis. Il en obtint des assurances si positives pour la vie, & même des esperances si flatteuses pour sa grace & pour la restitution de ses biens, que s'étant laissé gagner à ses promesses, il se remit entre ses mains sous la foi de l'honneur & de l'amitié. Cependant, si le Roi n'osa violer les engagemens de son General, il répondit mal à l'attente que le Comte avoit conçue pour sa liberté & pour ſa fortune. Il fut non-ſeulement condamné à une priſon perpetuelle, au Château de *Hames* dans le Boulonnois, mais la rigueur de ſes Juges, s'étendant juſqu'à ſa femme, qui étoit ſœur du Comte de Vvarwick, elle fut dépouillée de tous ſes biens, dont on n'avoit point penſé juſqu'alors à lui ôter la poſſeſſion.

Si Marguerite ne put ignorer l'infortune du Comte d'Oxford, elle fut bien éloignée de s'attribuer la part qu'elle avoit eue à ſon entrepriſe. Jugeant auſſi mal de ſes ſoins que de ceux du Comte de Pembroock, elle crut la memoire de ſes bienfaits effacée dans le cœur de tous ſes amis, & toutes les voyes fermées pour faire arriver ſes lettres ou ſes plaintes à la Cour du Roi ſon pere. Il lui en reſtoit une neanmoins qu'elle avoit juſqu'alors refuſé d'accepter, par la ſeule conſideration qu'elle croyoit devoir à l'un de ſes plus fidéles Serviteurs, qu'elle ne vouloit point envelopper tout à fait dans ſa ruine. Ce brave Duc d'Exceſter, qui avoit ſuivi ſi conſtamment ſa fortune, & qui ne s'étoit sauvé de la bataille de Barnet qu'après y avoir versé tout son sang pour la servir, s'etoit retiré, après d'autres infortunes, dans l'azyle de Vvestmainster, où sa santé avoit été long-tems à se rétablir. Quoiqu'il ne pût s'écarter de cette retraite sans exposer sa vie à des dangers plus certains que ceux d'une bataille, il avoit méprisé cette crainte pour se procurer la satisfaction de voir sa Reine, & s'étant introduit plusieurs fois dans sa Prison à la faveur de divers déguisemens, il s'étoit attendri avec elle sur la malheureuse fin de toutes leurs esperances. Ayant penetré que son unique desir étoit de donner de ses nouvelles au Roi de Sicile, il n'étoit point à lui offrir d'entreprendre lui-même le voyage d'Aix à toutes sortes de risques, & de l'abreger par sa diligence. Mais la Reine, qui sçavoit bien que chaque pas qu'il feroit hors de Londres l'exposeroit au supplice, avoit si peu consenti à cette proposition, qu'elle l'exhortoit au contraire à faire sa paix avec Edouard. La Duchesse sa femme étant sœur de ce Prince, il sembloit qu'il dût tout se promettre d'une intercession si puissante. Enfin, les sollicitations de Marguerite le forcerent d'employer cette voye. Il fit prier la Duchesse, qui s'étoit dispensé jusqu'alors de le voir, sous des prétextes qui n'avoient pas manqué de vraisemblance, d'implorer pour lui la clemence du Roi son frere ; mais au lieu de répondre à ses intentions, elle demanda au contraire d'être separée de lui par les voyes ordinaires de la Justice. Edouard affecta de ne prendre aucun interêt dans cette affaire, quoique personne n'ignorât qu'en secret il sollicitoit les Juges contre le Duc, & que le refus qu'il fit d'ailleurs, de recevoir ses soumissions, ne put laisser aucun doute de la haine qu'il lui portoit personnellement. Le Jugement lui fut si peu favorable, qu'en le nommant dans la Sentence, on ne lui accorda, pas même les titres dûs à sa naissance & à son rang, en qualité de petit-fils d'une sœur du Roi Henri IV.

Il se vit donc reduit à demeurer dans son azile, sans aucune esperance de grace, & n'ayant pour subsister que ce qu'il recevoit secretement de ses amis. La Reine en fut penetrée de douleur, & quoique les craintes qui l'avoient empéchée de consentir à son voyage dussent augmenter, elle fut la premiere à lui conseiller d'employer toutes sortes de voyes pour se delivrer d'un si triste esclavage. Elle ne souffrit point qu'il s'exposât à de nouveaux perils pour la voir; mais lui ayant fait remettre une lettre pour le Roi René, elle le chargea de menager une vie dont elle s'étoit apperçue que ses malheurs lui rendoient le cours insupportable, & qui pouvoit devenir plus douce à la Cour de son pere. Il partit avec un seul domestique. On ne s'apperçut point assez tôt de son départ, pour soupçonner Edouard de l'avoir fait poursuivre. Cependant, à peine eut-il passé Rochester, par où il avoit pris pour gagner quelque Port écarté de la Province de Kent, qu'il s'apperçut qu'on l'observoit. Ce n'étoit d'abord qu'un homme seul, qui ne pouvoit lui causer par conſequent beaucoup d'allarme. Il re-jetta même la penſée qui lui vint de l'attendre ſans affectation & de s'en défaire. Son Valet, plus porté à la défiance, l'en preſſa; juſqu'à lui predire qu'il étoit perdu ſans cette precaution. Il ne reconnut combien elle étoit juſte, qu'après avoir fait quelques milles de plus, en voyant à ſa ſuite douze ou quinze hommes armez. Il n'eut point d'autre reſſource que de ſe jetter dans une Forêt, à l'entrée de laquelle il obſerva la contenance de ſes Ennemis. Lorſqu'il leur vit redoubler leur courſe pour prendre le même chemin, il s'enfonça dans un lieu difficile, dont il ne connoiſſoit point les routes, avec l'eſperance de le traverſer entierement, & de n'en être pas plus reculé pour gagner le bord de la Mer. Mais quoique ceux qui le pourſuivoient ne puſſent avancer plus vite que lui, & qu'ayant enfin quitté ſon cheval, il en eut plus de facilité à penetrer dans l'épaiſſeur des Arbres, les traces de ſa marche, qu'il ne pouvoit éviter de laiſſer derriere lui ſervirent toujours à faire découvrir ſa route. Impatient de cette contrainte, il ſe ſeroit précipité mille fois ſur ces Miſerables, ſi dans l'impuiſſance de reſiſter au nombre il eût pu s'aſſurer du moins de recevoir la mort par leurs armes; mais ayant à riſquer d'être arrêté malgré lui, & ne voyant de ce côté-là, pour terme de ſa vie, qu'un infâme ſupplice, il prit une reſolution qui ne peut être juſtifiée que par ſon deſeſpoir. Il s'arrêta, preſqu'à l'extrêmité de la Forêt, lorſqu'il vit moins d'apparence que jamais à ſe ſauver par la fuite. Il remit la lettre de la Reine à ſon Valet, avec tout ce qu'il avoit d'argent dans ſa bourſe, & ſans lui avoir declaré ſon deſſein, il le conjura par tout ce qui pouvoit faire impreſſion ſur un homme de cette ſorte, de paſſer promptement la Mer, & de porter au Roi René la lettre qu'il lui confioit. Enſuite, ſans ajoûter un mot de plainte, & ſans ſe ſoulager même par un ſoupir, il tira ſon épée & s'en perça le cœur. Les cris du Valet devinrent un guide fort ſûr pour ſes Ennemis.

Ils se saisirent de son corps, qu'ils garderent pendant quelques jours sur le sable, en faisant payer la vûe de ce spectacle à tous les Habitans des lieux voisins, qui vinrent en rassasier leurs yeux. Le Duc d'Excester étoit le dernier des descendans collateraux de la Maison de Lancastre, & le seul qui pût disputer au Comte de Richemont ses droits à la Couronne. Edouard ne put déguiser sa joye en apprenant cette funeste avanture, & les recompenses qu'il fit donner à ceux qui lui apporterent le cadavre, passerent pour une indecence aux yeux mêmes de ses Partisans.

C'en étoit assez pour éteindre à jamais l esperance dans le cœur de Marguerite. Aussi ne pensa-t'elle plus qu'à se renfermer dans un petit nombre d'exercices tristes & lugubres, qu'elle regarda desormais comme l'unique occupation du reste de sa vie. Quoique l'entreprise du Bâtard de Falcombridge lui eût fait retrancher, par l'ordre du Roi, quelqu'ombre de liberté dont elle avoit joui dans sa Prison, on ne lui avoit point encore interdit la vûe de la Princesse de Galles, ni celle de la Duchesse de Clarence, qu'un sentiment de compassion amenoit quelquefois aussi, pour la consoler par quelques momens d'entretiens. Mais ne se considerant plus elle-même que comme un miserable objet de la colere du Ciel, dont les moindres communications devenoient funestes à ses meilleurs amis, elle resolut de se priver de leurs visites, qui avoient été jusqu'alors sa seule consolation. C'étoit declarer qu'elle renonçoit au commerce du genre humain; car à qui auroit-elle accordé ce qu'elle refusoit à la Princesse de Galles? Cette malheureuse fille du Comte de Vvarwick n'avoit elle-même que ce soulagement dans son infortune. Je lui conserve un titre qu'elle cessa de porter en Angleterre, sur-tout lorsque le Roi l'eut fait prendre au jeune Edouard, son fils unique. Mais les Partisans de la Maison de Lancastre, quoiqu'observez continuellement, & comme accablez sous un joug qui leur permettoit à peine de respirer, lui donnoient encore ce cher nom, par zele pour la memoire d'un Prince qui avoit emporté leur bonheur avec lui. Elle fut si affligée du parti que la Reine avoit pris, que sa santé, dont on avoit vû sensiblement la diminution depuis le meurtre de son mari, s'affoiblit encore plus par des maladies considérables. Un autre incident qui augmenta tout d'un coup ses disgraces, acheva de la rendre une des plus malheureuses personnes de son sexe.

La Reine n'avoit pas autant de sujets qu'elle se l'étoit imaginé d'accuser la tendresse & de se plaindre de l'oubli du Roi son pere. Outre les sollicitations qu'il faisoit faire continuellement à la Cour d'Edouard pour la liberté de sa fille, il avoit depêché à Londres, sur le premier bruit de ses malheurs, un Gentilhomme François, nommé Mont-Robert, qu'il avoit chargé de se procurer à toutes sortes de prix la liberté de la voir. Dans un tems où la Treve subsistoit encore entre l'Angleterre & la France, Mont-Robert n'avoit pas fait difficulté de ſe rendre directement à Calais, d'où il ne craignoit point qu'on l'empêchât de paſſer à Douvres. Mais il s'étoit élevé entre les Anglois de cette Ville & les Flamans, quelque demêlé à l'occaſion de la Tréve marchande, qui n'avoit pas été bien obſervée de la part de l'Angleterre ſous le dernier Gouvernement du Comte de Vvarwick. On étoit encore en ſi mauvaiſe intelligence, que Mont-Robert fut arrêté aux Portes de Calais par quelques Marchands de Bruges qui venoient de ſe plaindre inutilement au Gouverneur de la perte d'un grand nombre de Marchandiſes enlevées par les Anglois. Voyant arriver un homme en fort bon équipage, & le prenant pour un Anglois au langage de cette Nation, qu'il ſçavoit parfaitement & qu'il affectoit de parler en approchant d'une de leurs Villes, ils s'étoient ſaiſis de lui comme d'un ôtage pour la ſûreté de leurs effets.

Mont-Robert conduit bruſquement à Bruges n'avoit rien gagné à leur declarer leur mepriſe, & la qualité de François n'étoit pas d'ailleurs un titre plus favorable pour ſe faire écouter d'un Peuple qui étoit en Guerre ouverte avec la France. Il profita neanmoins de la Treve de treize mois, qui fut signée ensuite entre Louis XI. & le Duc de Bourgogne, pour obtenir la liberté de retourner en France ; & n'ayant point perdu de vûe les ordres de son Maître, il reprit directement le chemin de Londres, où il n'arriva qu'après les derniers évenemens que j'ai rapportez. Les efforts qu'il fit pour se procurer quelqu'accès dans la Prison de Marguerite ayant été inutiles, soit par le renouvellement de la rigueur d'Edouard, soit par l'obstination de cette Princesse à n'admettre personne dans sa solitude, il n'apprit point que la Princesse de Galles avoit toujours été exceptée des ordres du Roi, sans esperer qu'elle lui feroit ouvrir l'entrée de la Tour, ou qu'il pourroit s'y introduire à sa suite. Elle étoit retenue par une maladie violente, qui ne lui permit point de prendre elle-même ce soin ; mais jugeant, par les desirs de Marguerite, de la consolation qu'elle auroit à recevoir un Messager de son pere, elle conjura l'Archevêque d'Yorck, son oncle, de ne rien épargner pour lui rendre un si bon office. L'Archevêque étoit ce même frere du Comte de Vvarwick, qui avoit laissé échapper Edouard de sa Prison de Middleham, & qui avoit été recompensé de ce service après la bataille de Barnet, par un Acte d'Amnistie qui renfermoit une grace sans exception. Mais il étoit frere du Comte de Vvarwick. Une qualité si odieuse à la nouvelle Cour lui avoit fait prendre le parti de s'y montrer rarement; & retenu à Londres par les infirmitez de la Princesse de Galles, qui n'avoit que ses liberalitez pour subsister, il se conformoit par sa conduite à la fortune de sa Maison & de son Parti. Sa pieté pour la Reine & sa complaisance pour les desirs de sa Niece, lui firent tenter d'introduire Mont-Robert à la Tour. Quoiqu'il n'eût point pris de voie detournée, l'Officier auquel il s'adressa crut se faire un merite auprès d'Edouard de l'avertir que ce Prelat l'avoit voulu seduire, &

ſur une ſi frivole accuſation, il fut renfermé pour le reſte de ſa vie au Château de Guines. Son châtiment fut abregé par ſa mort, qui arriva peu de tems après dans ſa Priſon ; mais elle fut precedée d'une violence ſans exemple dans la perſonne de ſa Niece. Le Duc de Gloceſter en étoit devenu amoureux. N'ayant oſé lui offrir ſa main dans le tems que l'appui qu'elle avoit encore dans ſon oncle lui faiſoit craindre trop de reſiſtance, il profita de la captivité de l'Archevêque pour l'enlever, & il la mit dans la neceſſité de l'épouſer malgré elle. Si elle trouva encore aſſez de force dans ſon temperament pour reſiſter à ſa douleur, la confuſion qu'elle eut de ſe voir l'Epouſe du Meurtrier de ſon mari & de ſon beau-pere lui fit un ſupplice perpetuel d'une ſi honteuſe fortune, & la fit même renoncer pour jamais à la conſolation de voir la Reine & tous ſes amis. On verra que ſa mort fut digne d'un mariage ſi monſtrueux.

Mont-Robert fut long-tems à Londres ſans pouvoir executer ſa commiſſion. Edouard, qui ne peut ignover ce qui l'amenoit en Angleterre ; affecta d'avoir peu compris quel service l'Archevêque d'Yorck avoit entrepris de lui rendre , & lui laissa chercher les moyens de reussir plus heureusement. A juger des sentimens de ce Prince par cette conduite & par celle dont il ne se relâcha point pendant plusieurs années , on seroit porté à croire qu'en diminuant quelque chose de la rigueur avec laquelle il avoit commencé par faire resserrer la Reine , son intention n'avoit été que de reconnoitre ceux qui lui étoient encore assez attachez pour user, au mepris de toutes les considerations , de la liberté qu'il accordoit de la voir. Ainsi cette courte faveur ne peut passer que pour une nouvelle trahison , dont on a vû même que les effets ne pouvoient gueres être plus cruels , puisqu'elle servit à la ruine de tout ce qui restoit de Serviteurs fideles à la Reine.

Ce n'étoit pas Marguerite seulement qui desesperoit de sa liberté. Tandis qu'elle se croyoit abandonnée de tout l'Univers , & qu'elle travailloit elle-même à l'oublier, le Roi son pere n'avoit rien épargné pour toucher l'inflexible Edouard par ses propres sollicitations & par celles des plus grands Princes de l'Europe. A ceux qui lui representoient que les haines les plus sanglantes doivent à la fin s'assoupir, il protestoit que la sienne étoit oubliée, mais qu'il craignoit celle de la Reine, & qu'il l'avoit trop éprouvée pour ne pas connoître ce qu'il devoit en attendre. Ainsi l'Empereur Frederic, Louis XI, les Duc de Bourgogne & de Bretagne, étoient rebutez des efforts qu'ils avoient renouvellez vingt fois, & qui avoient toujours été reçus comme des importunitez.

Cependant, ce fut dans une conjoncture où l'on devoit peu s'attendre que les sentimens d'Edouard pussent changer, qu'il prêta l'oreille à de nouvelles propositions. Un évenement qui changea tout d'un coup la fortune de Marguerite, & qui fut d'ailleurs si important pour la France qu'il est surprenant que nos Historiens ayent pris si peu de soin de l'approfondir, merite d'être expliqué avec quelqu'étenduë.

Le Duc de Bourgogne profitoit de la Tréve qu'il avoit avec la France pour s'étendre du côté de l'Allemagne. Il avoit pris occasion d'un differend survenu touchant l'Archevéché de Cologne, entre Robert de Baviere & le frere du Landgrave de Hesse, pour faire le Siege de Nuz, entreprise dont il recueïllit dans la suite aussi peu d'utilité que de gloire, mais qui allarma d'abord Loüis XI. dont l'interêt n'étoit pas de lui laisser le tems de s'agrandir. Pour arrêter les desseins de ce Prince, Louis ligua d'un côté contre lui le Duc de Lorraine, le Duc d'Autriche, & les Suisses, tandis que de l'autre il engageoit l'Empereur Frederic à se rendre à Nuz avec une puissante armée, pour le forcer promptement d'en lever le Siege. Ce qu'il y eut de plus piquant pour le Duc de Bourgogne, ce fut que Louis affectant pendant ce tems-là de demeurer tranquille lui faisoit valoir la fidélité avec laquelle il observoit la

Tréve. Le desir de la vengeance; autant que la necessité de se delivrer d'un embarras si pressant, fit penser le Duc à faire une puissante diversion en attirant le Roi d'Angleterre en France. Il lui envoya des Ambassadeurs pour lui persuader de faire la Guerre à leur Ennemi commun, & non-seulement il lui promit de se joindre à lui avec toutes ses forces, mais ne menageant rien dans la chaleur de sa haine, il lui fit esperer que le Connetable de Saint Pol lui livreroit Saint Quentin, que le Duc de Bretagne entreroit dans leur ligue, & par les intelligences que ce Prince & lui avoient en France, ils jetteroient Loüis XI. dans une confusion qui rendroit la conquête de ses Etats aussi facile aux Anglois qu'elle l'avoit été sous Charles VI.

Edouard, qui nourrissoit contre Loüis mille projets de vengeance depuis le secours qu'il avoit accordé à Marguerite & au Comte de Vvarwick, reçut cette ouverture avec des transports de joye. Il nomma aussi-tôt des Plenipotentiaires, qui signerent avec ceux du Duc, divers Traitez qui se trouvent dans les Actes de *Rymer*, & dont on ne se lasse point d'admirer les articles. Après la convention generale d'entreprendre à fraix communs la conquête de la France, les deux Princes entroient dans le partage des fruits de leur victoire. Edoüard, pour recompenser le Duc des services qu'il en attendoit, lui faisoit present d'avance du Duché de Bar, des Comtez de Champagne, de Nevers, de Retel, d'Eu, de Guise, & de quantité d'autres Terres. Il renonçoit en faveur du Duc à l'hommage de toutes les Provinces dont il étoit actuellement en possession, c'est-à-dire, de la Bourgogne, de la Flandres & de l'Artois, & de celles qu'il lui accordoit par le Traité. Il prétendoit que cette donation, ou ce transport, fut aussi ferme que si les Etats Generaux de France y avoient consenti, & il s'engageoit à leur faire confirmer là-dessus toutes ses volontez lorsqu'il seroit en possession de la Couronne. Enfin, portant la prudence jusqu'à prévenir les moindres difficultez ; les deux Princes convenoient par un Acte particulier qu'Edouard & ses successeurs auroient toujours la liberté d'entrer à Reims pour s'y faire sacrer ; précaution necessaire, parce que la Champagne se trouvoit comprise dans les Etats du Duc.

Les Historiens Anglois qui ont senti le ridicule d'un Traité de cette nature, excusent Edouard, en pretendant qu'il feignoit de se laisser gagner par l'espoir de conquerir la France, pour se remettre seulement en possession de la Guyenne & de la Normandie. Mais il n'en fit pas moins tous les préparatifs qui convenoient à l'importance de son entreprise. Il envoya des Ambassadeurs dans toutes les Cours de l'Europe, jusqu'à celles de Hongrie & de Sicile, pour les presser d'entrer dans sa ligue. Il s'assura contre les diversions des Ecossois par le mariage d'une de ses filles avec le Prince d'Ecosse. Il leva une grosse Armée & des subsides extraordinaires ; enfin, il s'embarqua à Sandwich le 20. de Juin 1475.

Un Historien assure qu'il trouva à Douvres cinq cens Vaisseaux de transport que le Duc de Bourgogne y avoit envoyez. Mezeray dit qu'on employa trois semaines à faire passer toutes les Troupes Angloises à Calais, ce qui marque qu'il y avoit ou peu de Vaisseaux ou un très grand nombre de Troupes. On n'en ignore pas moins à quoi montoit l'Armée Angloise, & Philippe de Commines, qui étoit alors au service de Louis XI. assure seulement que jamais Roi d'Angleterre n'en avoit mené en France une si nombreuse.

Les premieres demarches d'Edouard repondirent à son Traité & à ses preparatifs. Il envoya de Calais un Heraut à Louis, " pour le „sommer de lui restituer tout le „Royaume de France, & pour lui „declarer la Guerre en cas de ré„fus. „ Si cette bravade dût paroître singuliere au Roi, sa réponse & sa conduite ne furent pas moins surprenantes pour les Anglois. Il repondit au Heraut " qu'il étoit bien infor„mé que ce n'étoit pas de son pre-

„ pre mouvement qu'Edouard ve-
„ noit le troubler dans ses Etats,
„ mais à la sollicitation du Duc de
„ Bourgogne, & du Connetable de
„ Saint Pol, & qu'il pouvoit assu-
„ rer son Maître que tous deux le
„ trompoient. Ensuite il lui fit don-
„ ner trois cens écus & trente aunes
„ de velours pour lui faire une
„ robbe. „ Sans approfondir les raisons d'une si grande securité, il faloit que Loüis eut des ressources
bien presentes & bien infaillibles,
pour tenir une conduite si ferme.
A la verité, le Duc de Bourgogne
étoit encore attaché au Siege de
Nuz, & malgré l'approche de l'Empereur, il s'obstinoit à le continuer.
L'esperance d'emporter cette Place
à la vûë de toutes les forces de
l'Empire le rendit insensible à la
perte d'une Province qui lui fut enlevée par Sigismond, Duc d'Autriche, aux ravages que le Duc de
Lorraine fit dans celle de Luxem-
bourg, & à la prise de plusieurs
Places qui lui furent enlevées par
la France aussi-tot que la Tréve fut
expirée. Si c'étoit le fond que Louis

avoit fait sur les dispositions de ce Prince qui l'avoit rendu si tranquille à l'arrivée d'Edouard, il dût s'applaudir de sa penetration, lorsque le Duc, après avoir enfin levé le Siege de Nuz, trouva son Armée en si mauvais état, qu'au lieu d'aller joindre les Anglois, il fut forcé de la mettre en quartier de rafraichissement. Il se rendit presque seul auprès d'Edouard, qui ne recevant ni de lui, ni du Comte de Saint Pol, les secours qu'il en avoit attendus, & ne voyant aucune apparence aux soulevemens qu'on lui avoit fait esperer dans les Provinces du Royaume, commença à craindre de s'être engagé trop imprudemment. Les Anglois racontent eux-mêmes que se trouvant dans le dernier embarras, & se défiant même de ceux qui l'avoient appellé, il chercha les moyens de se tirer d'une si temeraire entreprise sans blesser ouvertement son honneur. Il fit relâcher un Prisonnier François, le seul qu'il eût fait depuis son debarquement ; & par son ordre, les Lords Howard &

Stanley, deux de ses principaux confidens, le chargerent de presenter leurs respects au Roi son Maître. Louis comprit le sens de cette commission. Il jugea que les Anglois souhaitoient d'entrer en negociation, & qu'ayant honte de faire les premieres demarches, ils lui faisoient proposer comme tacitement de leur épargner cette confusion par quelque ouverture d'accommodement. L'impatience de se delivrer d'eux le rendit moins delicat. Philippe de Commines rapporte " qu'il fit vêtir en
" Heraut un homme de peu de con-
" sideration, mais à qui il connois-
" soit beaucoup d'esprit, & qu'a-
" près lui avoir donné de bonnes
" instructions, il l'adressa aux deux
" Seigneurs dont il avoit reçu des
" politesses. " Ils le presenterent au Roi, qui ne put manquer, dans la disposition où il étoit, de le recevoir fort agréablement. En peu de jours il y eut des Plenipotentiaires nommez de la part des deux Monarques. Ils s'assemblerent à Pecquigny, où ils conclurent le 29. d'Août un Traité dont les deux principaux articles

articles furent le mariage du Dauphin avec la fille aînée d'Edouard, & le départ de l'Armée Angloise. Mais avant la séparation des Plenipotentiares, Louis fit proposer au Roi d'Angleterre une conference sur le Pont de Pequigny, sans autre formalité qu'une Barriere, qui fut mise entr'eux sur le Pont. Il s'y rendit le premier, accompagné du Cardinal de Bourbon, & de cinq autres Seigneurs. Edouard arriva presqu'aussi-tôt, avec une suite qui n'étoit pas plus nombreuse. Après avoir confirmé tous deux avec serment les articles du Traité, ils commencerent une conversation fort agréable & qui dura long-tems sur le même ton. Louis proposa à Edouard d'aller passer quelques jours à Paris, en lui promettant que les Dames de cette Ville n'épargneroient rien pour lui procurer toutes sortes de plaisirs; & s'il arrivoit, lui dit-il, qu'il y commît quelque *peccadille*, il lui offroit pour Confesseur le Cardinal de Bourbon, qui n'étoit pas des plus rigides. Les réponses d'Edouard furent tournées avec le même agrement. Enfin, Louis fit signe aux Seigneurs qui étoient avec lui de se retirer, & les Seigneurs Anglois les imiterent au même moment. Les deux Princes se trouvant libres, recommencerent un entretien plus serieux, dont l'un des premiers articles fut le renouvellement des instances de Louis en faveur de la Reine Marguerite. On n'a point sçu quels motifs il employa pour toucher le Roi d'Angleterre; mais ayant juré une Treve de sept ans, & s'y étant portez mutuellement de si bonne foi, qu'ils avoient nommé de part & d'autre des arbitres pour terminer desormais tous leurs differends, il est à presumer que les craintes d'Edouard n'ayant gueres eu de fondement que du côté de la France, il s'en crut tout à fait delivré lorsqu'il vit le Roi disposé à vivre dans une paix constante avec lui. D'ailleurs, Louis, que de puissans motifs engageoient à se charger de la cause de Marguerite avec cette ardeur, joignit à ses instances l'offre d'une rançon de cinquante mille écus, qui eut ſans doute autant de force que ſes raiſons pour faire impreſſion ſur l'eſprit d'Edouard. Cette convention particuliere parut aſſez importante aux deux Princes pour être inſerée dans le Traité.

Elle n'éclata pas neanmoins tout d'un coup. Louis ſe reſerva le plaiſir d'apprendre lui-même une ſi douce nouvelle au Roi René; & le Roi d'Angleterre oubliant de bonne grace ſes reſſentimens & ſes craintes, voulut que Marguerite ne reçût pas d'un autre que lui les premieres aſſurances de ſa liberté. Commines raconte qu'après cette entrevûë, Louis ſe rendit à Amiens, où le Lord Howard le ſuivoit en qualité d'ôtage. Pendant que ce Prince étoit à ſe laver les mains pour ſe mettre à table, Howard lui rappella à l'oreille la propoſition qu'il avoit faite à ſon Maître, d'aller paſſer quelques jours à Paris. Louis ne fit aucune reponſe. Howard renouvella ſouvent le même diſcours pendant le repas, mais le Roi feignit toujours de ne pas l'entendre; & lorſqu'il eut quitté la table, il lui fit dire que ſes affaires

ne lui permettant point de retourner si-tôt à Paris, il étoit fâché de ne pouvoir accepter l'honneur que le Roi d'Angleterre paroissoit disposé à lui faire. Il ne craignoit rien tant, remarque Commines, que de voir prendre à Edouard trop de goût pour la France; & se repentant de s'être imprudemment avancé, " il souhaitoit avec passion de
„ lui voir tourner le dos pour repas-
„ ser dans son Isle. „ Cependant, il se fit honneur, par les caresses & les liberalitez dont il combla tous les Seigneurs de la Cour d'Edouard. L'Armée Angloise s'étant approché d'Amiens, il en fit tenir les portes ouvertes, & l'ordre fut donné dans toutes les Hôtelleries de bien traiter les Anglois qui viendroient voir la Ville, sans rien exiger d'eux pour leur dépense. Il envoya au Roi son allié un présent de trois cens Chariots chargez de Vin, pour en faire la distribution à son Armée. Enfin, il n'épargna rien pour empêcher qu'Edouard n'ouvrit les yeux sur la foiblesse des raisons qui l'avoient allarmé, & ne sentit le ridi-

cule dont il s'étoit convert par une si folle & si vaine expedition.

Quelque desir que les deux Rois eussent marqué de tenir quelque tems secrete la convention qui regardoit la liberté de Marguerite, cette Princesse fut informée du changement de son sort, avant qu'Edouard eût repassé la Mer. Elle eut l'obligation de cette nouvelle au Comte de Dunois, à qui Louis ne l'avoit point cachée, & qui se hâta d'en donner avis au Roi son pere & à elle-même. Mont-Robert avoit enfin trouvé le moyen de penetrer à la Tour. Il étoit parti ensuite pour retourner vers le Roi de Sicile, avec les commissions de la Reine, qui consistoient moins en affaires politiques qu'en témoignages de tendresse pour sa famille. Cependant l'occasion qu'il avoit euë à Londres de se lier avec quelques Partisans de la Maison de Lancastre, lui ayant fait penetrer une partie de leurs sentimens, dont ils avoient fait peu de mystere avec un homme qu'ils connoissoient devoué à la Reine, il lui étoit venu à l'esprit de leur offrir ses services pour la Bretagne, où l'on n'ignoroit plus que le Comte de Richemont avoit été arrêté. Cette offre ayant été communiquée à quantité de personnes, qui étoient dans les mêmes dispositions pour ce précieux reste du sang des Lancastres, Mont-Robert se trouva chargé, sans l'avoir prévû, d'une espece de negociation, dont il ne sentit pas tout d'un coup l'importance & le danger. Il étoit moins question de proposer au Comte des entreprises ausquelles les circonstances étoient peu favorables, que de le faire penser à sortir par toutes sortes de moyens, d'un esclavage qui ne pouvoit manquer de lui devenir funeste. Sa Prison n'étoit pas génante, puisqu'elle étoit aussi étenduë que la Ville de Vannes, où il avoit la liberté de se promener & de voir les Habitans. Mais n'en étoit-il pas plus étrange qu'il parût s'accoutumer à des chaînes qu'il étoit si facile de rompre? Quelles pouvoient être les vûës du Duc de Bretagne, en l'y retenant? C'étoit ſans doute de ſe ſervir de lui tôt où tárd pour obtenir quelqu'avantage de la Cour d'Angleterre ; & ne pouvoit-il pas arriver des circonſtances où ſa tête deviendroit le motif ou le prix d'un Traité ? Mont-Robert prêta d'autant plus volontiers l'oreille à la propoſition qu'on lui fit de paſſer à Vannes, & de repreſenter ces conſiderations aux Comtes de Richemont & de Pembroock, qu'il crut ſervir la Reine en s'intereſſant à la fortune d'une Maiſon pour laquelle il lui ſuppoſoit toujours le même zéle. Il étoit parti de Londres, avant l'expedition d'Edouard, & s'étant ſervi du premier Vaiſſeau qui avoit fait voiſe vers la Bretagne, il s'y étoit trouvé avec le Chevalier *Nash*, qu'Edouard envoyoit dans le même tems pour Ambaſſadeur à cette Cour.

Le premier jour de leur Navigation s'étoit paſſé ſans defiance ; mais Nash ne put entendre nommer à Mont-Robert la plûpart des perſonnes qu'il avoit vûës particulierement à Londres, ſans le ſoupçonner de quelque commiſſion qui avoit rapport aux deux Comtes, il déguisa ses soupçons jusqu'à son arrivée, & n'ayant point manqué d'attacher quelques Espions sur ses pas, il apprit bien-tôt qu'en descendant à Saint Malo, il avoit pris le chemin de Vannes. Le premier exercice qu'il fit de son emploi, fut pour demander au Duc la permission de le surprendre dans les communications qu'il alloit avoir avec le Comte de Richemont. Il l'obtint. Le Duc de Bretagne étoit alors si bien avec l'Angleterre, que malgré la paix perpetuelle qu'il venoit de signer avec Louis XI. il étoit entré secretement dans la ligue d'Edouard & du Duc de Bourgogne. Cette trahison n'ayant point eu d'autre suite par le changement précipité d'Edouard, elle n'est connuë dans l'Histoire que depuis la publication du Recueil de Rimer, où l'on trouve l'Acte de leur Traité. Dans une disposition qui ne permettoit point au Duc de rejetter les instances d'un Ministre Anglois, il donna à Nash toutes les permissions qui convenoient aux interêts du Roi son Maitre.

A peine Mont-Robert étoit depuis deux jours à Vannes, qu'au milieu d'un entretien qu'il s'étoit procuré avec les deux Comtes, il fut arrêté par des Gardes qui l'avoient observé, & qui le surprirent dans le moment qu'il présentoit au Comte de Pembroock diverses Lettres qu'il avoit apportées pour lui. Elles contenoient tout ce qu'on avoit recommandé à Mont-Robert de lui repeter de vive voix ; mais par une précaution fort heureuse, il n'y paroissoit aucun nom, dont on pût abuser pour chagriner personne, & le secret de cette négociation sembloit ainsi dépendre de la fidélité de celui à qui elle avoit été confiée. On enleva à Mont-Robert, avec les Lettres du Comte, celles qu'il avoit reçûës de Marguerite, pour le Roi son Pere. C'étoit une autre decouverte, qui sembloit rendre sa commission encore plus importante. Nash s'empara de toutes ses Pieces, & ne pouvant se figurer qu'elles ne continssent point quelque projet pernicieux, sous des termes deguisez, il proposa au Duc d'en arracher le secret à

Mont-Robert par les supplices. Il ne lui trouva point la même facilité pour cette proposition. Cependant après en avoir obtenu que les deux Comtes fussent gardez plus étroitement, il le fit consentir à lui livrer Mont-Robert, pour le renvoyer à Londres avec toutes les Lettres qu'on lui avoit saisies, & pour abandonner cette affaire au jugement du Roi.

Le Vaisseau, auquel il fut confié, arriva en Angleterre peu de jours avant le retour d'Edouard. Ce Prince avoit établi pour Gardien du Royaume pendant son absence, le Prince de Galles son fils, qui n'étoit âgé que de cinq ans; mais comme c'étoit sous la Régence du Conseil, Mont-Robert n'en fut pas moins examiné sur les accusations de Nash, & sur les Lettres qui faisoient son crime. Celles de la Reine étant les seules qui fussent signées, auroient contribué plus que toutes les autres à sa perte, si elles eussent offert la moindre preuve du complot dont on le soupçonnoit; mais quoiqu'elles ne continssent que les expressions naturelles de la douleur & de la tendresse, on fut porté par les insinuations de Nash à regarder les termes les plus simples comme un Chiffre qui couvroit quelque mystere, & l'adresse même qui étoit au Roi de Sicile, comme un deguisement pour les faire parvenir sans risque aux Comtes de Pembroock & de Richemont. Toute folle que cette imagination étoit en elle même, il faut confesser que le voyage de Mont-Robert à Vannes, les autres Lettres dont il s'étoit chargé, & ses relations avec les deux Comtes, pouvoient lui donner quelque vraisemblance.

Elle en eut tant pour le Conseil, que ne se bornant point à faire des informations fort ardentes sur les lieux & les personnes que Mont-Robert avoit frequentées pendant son sejour à Londres, il poussa le zéle jusqu'à faire resserrer plus étroitement la Reine. On se souvenoit qu'après la bataille de Teukelsbury Edouard avoit eu dessein de livrer cette Princesse à la Justice du Parlement, & qu'il n'en avoit été detourné que par la consideration de son sexe. Hastings, l'un des principaux Conseillers de la Regence, se figura que ce seroit faire sa Cour au Roi que de profiter du tems de son absence, pour satisfaire sans le commettre, un de ses plus vifs ressentimens. Il fit entrer tout le Conseil dans cette idée. Marguerite, après avoir été respectée de son Vainqueur & de son Ennemi, se vit exposée à l'humiliation d'être traitée en criminelle, par une troupe de Flateurs, qui avoient déja oublié qu'ils eussent été ses Sujets. Le retour du Roi n'auroit pas été assez prompt pour la garantir des premieres procedures, si elle n'eût été secouruë par une voye fort étrange.

Entre les Maîtresses du Roi, celle qui tenoit le premier rang, se nommoit Madame Shore. C'étoit la femme d'un Bourgeois de Londres qu'il avoit enlevée à son Mari, & qui joignoit à une beauté surprenante une bonté admirable de caractere.
„ Edouard l'aimoit autant pour
„ l'excellence de son naturel que
„ pour sa beauté. Jamais on ne l'en-

„ tendoit parler mal de personne:
„ Jamais elle ne s'étoit servie de sa
„ faveur pour prevenir son Amant
„ contre quelqu'un. Si elle l'impor-
„ tunoit quelquefois, c'étoit pour
„ secourir les malheureux, & les
„ services qu'elle se plaisoit à ren-
„ dre étoient toujours desinteressez.
„ Aussi avoit-elle amassé moins de
„ biens, qu'une infinité d'autres,
„ pour lesquelles Edouard avoit
„ moins de tendresse & de consi-
„ deration. „ Cette femme étoit aimée du Lord Hastings. Quoique le respect qu'il devoit à son Maître, l'empêchât de faire éclater ses sentimens, il lui avoit fait connoître dans mille occasions le pouvoir qu'elle avoit sur lui, & peut-être étoit-elle déja sensible aux soins qu'il lui rendoit secretement. Lorsque la resolution du Conseil eut été publiée, elle fut choquée de l'obstination avec laquelle on persecutoit une Reine infortunée, qui étoit bien moins à redouter qu'à plaindre, & elle fit honte de cette cruauté au Lord Hastings. Le desir de lui plaire le disposa aussi-tôt à

changer de resolution, & craignant même que les demarches qu'il avoit déja faites, ne l'eussent trop engagé, il se hâta de declarer au Conseil que de nouvelles lumieres qu'il avoit euës sur l'innocence de la Reine, lui faisoient abandonner le dessein qu'il avoit eu de la poursuivre. Mais si sa qualité de Grand Chambellan, & les services qu'il avoit rendus au Roi, lui donnoient beaucoup de consideration, le Conseil étoit composé de plusieurs autres Seigneurs, qui n'étoient pas moins distinguez par l'élevation de leur rang, ou par la faveur du Roi, & qui s'étant rendus à son avis, lorsqu'il avoit proposé de pousser les accusations de Nash, ne se trouverent pas disposez à s'arrêter, sur une retractation si vague. Henri Stafford Duc de Buckingham, & Grand Connetable du Royaume, le pressa de declarer au Conseil ce qu'il avoit decouvert de favorable à la Reine, & dans l'embarras où cette proposition parut le jetter, il conclut que des raisons qui n'étoient connuës que de lui, ne devoient pas empêcher le Conseil de terminer ce qu'il avoit entrepris pour la sureté du Gouvernement.

Madame Shore plus affligée que Hastings de cette resistance, prit le parti de dépêcher un Courier au Roi, avec une Lettre digne de la bonté de son cœur. Elle n'eut pas le merite de contribuer aux resolutions que ce Prince avoit prises en faveur de la Reine, puisque le Traité de Pecquigny étoit déja conclu, & que le Courier trouva l'Armée Angloise prête à s'embarquer à Calais; mais l'opposition du Lord Hastings ayant fait suspendre pendant quelques jours les démarches du Conseil, ce ne fut pas moins à la generosité de Madame Shore, que Marguerite eut l'obligation de se voir garantie d'une nouvelle disgrace, qui auroit mis le comble à son humiliation. Cependant le Roi ne fut pas plutôt à Londres, qu'il prit connoissance du fond de cette avanture. La Lettre de la Reine lui parut ce qu'elle étoit; c'est-à-dire, une piece indifferante à l'Angleterre, & qui n'avoit pû donner lieu qu'à des soupçons ridicules. Mais il porta un autre jugement de celles dont Mont-Robert s'étoit chargé pour les deux Comtes, & il se persuada aisément qu'un Agent de Marguerite n'avoit point fait le voyage de Bretagne sans sa participation, ou sans ses ordres. Mont-Robert, qui lui fut presenté, protesta en vain que cette Princesse avoit ignoré sa commission. La fermeté avec laquelle il refusa de trahir ceux qui lui avoient confié leurs Lettres, laissa dans l'esprit d'Edouard une defiance qui l'empêcha long-tems d'annoncer à la Reine l'heureuse nouvelle de sa liberté; de sorte qu'avec les assurances qu'elle en avoit reçûës du Comte de Dunois, & celles mêmes qui lui furent bien-tôt renouvellées par le Roi son Pere, elle eut le chagrin de languir encore plus de trois mois dans une cruelle incertitude. Mont-Robert, après six semaines de Prison, fut renvoyé en France, sans avoir pû se procurer le moyen de la voir, pour lui expliquer du moins ce qui retardoit sa delivrance.

Enfin

Enfin cette grace si long-tems attenduë, fut fixée par le Roi au 20. de Novembre. Si ce Prince se dispensa de voir Marguerite à son départ, il prevint les desirs de tous ses amis en lui accordant quelques jours pour recevoir leurs adieux. Elle eut la permission de les passer à *Gréenvvich*, où elle fut traitée avec beaucoup de magnificence aux frais de la Nation. Quoiqu'il y eut peut-être quelque poison caché sous ces apparences de politesse, il n'y eut point de consideration qui fût capable de retenir une infinité d'honêtes gens qui s'empresserent de lui aller rendre leurs derniers devoirs. Le Duc & la Duchesse de Clarence semblerent donner l'exemple dès le premier jour, & comme on ne put s'imaginer qu'ils eussent fait cette demarche sans la participation du Roi, elle fut imitée de ceux mêmes que la curiosité seule étoit capable d'y conduire. Ainsi les observations qu'Edouard avoit pû se proposer, furent confonduës dans la multitude. On s'étonna de n'y pas voir la Duchesse de Glocester ;

mais retenuë par la honte, elle fit faire de excuses à la Reine, avec des marques fort vives du regret qu'elle avoit de s'être ôté le pouvoir de la suivre. Louis XI. avoit fait partir de Dieppe un Vaisseau, qui s'étoit avancé jusqu'à Gréenwich. Quelques Officiers, chargez de ses ordres & de ceux du Roi René, allerent prendre à Londres ceux d'Edouard, & n'en reçurent point d'autre que d'exhorter la Reine à joüir tranquillement de la liberté qu'il lui accordoit.

Cinq ans de Prison, qui étoient venus à la suite de tant de malheurs & qu'elle avoit passez presque tout entiers dans une solitude obstinée, avoient mis tant de changement dans son caractere, que cette exhortation étoit peu necessaire pour lui inspirer le goût de la retraite & du repos. Elle avoit déja reglé l'emploi du reste de ses jours. Après avoir passé à Paris pour remercier Louis XI. de l'interêt qu'il avoit pris à son sort, elle étoit resoluë de se rendre à Aix, où ce Prince avoit permis au Roi René d'aller attendre la mort dans une vieillesse fort avancée. Son dessein étoit de demeurer auprès de ce bon Pere aussi long-tems qu'elle y seroit necessaire pour lui fermer les yeux, & de s'ensevelir après lui dans quelque Couvent écarté, dont elle remettoit à faire le choix sur les informations qu'elle prendroit dans cette Province. Son voyage se fit heureusement jusqu'à Dieppe; mais lorsqu'elle se disposoit à partir pour Paris, elle reçut un Messager du Roi, qui, après l'avoir felicité au nom de ce Prince du changement de sa situation, lui apprit qu'il la dispensoit du voyage de la Cour, & que pour lui épargner une fatigue inutile, il recevroit ses remercimens du lieu où il apprenoit avec joie qu'elle venoit d'arriver. Louis n'avoit pas compté neanmoins de laisser passer la Reine sans la voir; mais il étoit alors occupé d'une entreprise qu'il avoit extrêmement à cœur, & dont on lui fit craindre qu'elle n'arrêtât l'execution par des instances ausquelles il lui seroit difficile de resister.

Il avoit accordé depuis peu une nouvelle Treve au Duc de Bourgogne, mais à condition qu'il lui livreroit le Connetable de Saint Paul, qui s'étoit refugié dans ses Etats sous la foi d'un saufconduit; & le Duc qui brûloit de se voir libre pour satisfaire son ressentiment contre le Duc de Lorraine & le Duc d'Autriche, avoit sacrifié son honneur à sa vengeance. Louis, qui n'étoit pas moins irrité contre le Connetable, ne l'avoit pas plutôt eu entre ses mains, qu'il avoit nommé des Commissaires pour lui faire son procès, & ses frequentes trahisons étant les moindres de ses crimes, il comptoit de le faire bientôt monter sur l'échaffaut. Ce Seigneur n'avoit pas une autre idée de son sort depuis qu'il avoit été remis dans les Prisons du Roi. Cependant, ayant appris qu'on attendoit incessamment la Reine, & prévoyant qu'elle viendroit remercier le Roi de sa liberté, il se flatta que leur entrevûe seroit un moment de faveur, & que ce qu'elle demanderoit à son Liberateur, lui seroit difficilement refusé.

ses parens & ses amis, qu'il fit entrer dans cette pensée, se mirent aussi-tôt en chemin pour aller au-devant d'elle, preparez à donner toute la force possible à leurs supplications. Mais le Roi fut averti de ce mouvement, & le parti qu'il avoit pris, d'envoyer lui-même au-devant de la Reine n'étoit que pour se delivrer d'un obstacle auquel il étoit resolu de ne pas ceder. Son Messager avoit même ordre de faire assez de diligence pour prevenir les amis du Comte, & de faire entendre à la Reine qu'elle devoit s'attendre à des sollicitations ausquelles on la prioit de ne pas prêter l'oreille.

Cet incident la chagrina peu; mais il l'exposa dans la suite de son voyage à perdre miserablement la vie. Ayant pris sa route par la Normandie, elle se trouva forcée le soir, avec une suite peu nombreuse, de s'arrêter dans un Village pour y passer la nuit. Cette Province étoit encore remplie d'Anglois, qui s'y étoient établis sous les regnes de Henri V. & de Henri VI. gens dont l'inclination pour leur Patrie ne s'étoit point alterée par une si longue absence, & qui en avoient suivi toutes les revolutions avec la même chaleur que s'ils y eussent été interessez par la perte de leur sang ou de leurs biens. La Reine marchoit sans défiance & sans précaution. Elle avoit même refusé une Escorte, que le Roi avoit fait préparer à Rouen, pour l'accompagner aussi loin qu'il lui plairoit de s'en servir. Ses gens n'avoient pas ordre non plus de cacher son nom ni sa marche, & pensant aussi peu au deguisement qu'à l'ostentation, elle ne s'occupoit que du terme de son voyage. Tandis qu'elle étoit à souper dans le Village où elle s'étoit arrêtée, la Maison, qui n'étoit qu'une Hôtellerie publique, se remplit d'Anglois, que la seule curiosité peut-être y avoit d'abord amenez, mais qui s'échauffant entr'eux sur les interêts de leurs Pays, terminerent leur conversation par des reproches grossiers & des invectives sanglantes entre la Reine & sa suite. Elle n'avoit avec elle que dix personnes, dont trois étoient ses femmes ; deux Gentilshommes Anglois qui s'étoient attachez à elle par le seul mouvement de leur affection, & cinq Domestiques ; triste reste de tant de grandeur & de puissance. Les deux Gentilshommes bouillant de zéle pour leur Reine, se flatterent d'imposer silence à cette Troupe de Mutins par un air de hauteur & d'autorité. Mais leur insolence augmentant à la premiere menace, ils s'emporterent bien-tôt jusqu'à s'armer de tout ce qui s'offroit à leur fureur, & forçant les deux Gentilshommes de se retirer dans la chambre de la Reine, ils jurerent d'exterminer les restes d'un Parti qui avoit causé tant de mal à l'Angleterre. Leur attaque devint une espece de Siege, auquel il auroit été difficile de resister longtems, si quelque François attirez par le bruit n'eussent delivré la Reine d'un si grand danger.

Comme elle étoit peu avancée dans sa route, une si fâcheuse avanture, qui pouvoit se renouveller à tous momens dans les autres parties de la Province, lui fit prendre le parti de retourner à Rouen, non seulement pour y prendre l'Escorte qu'elle avoit réfusée, mais pour y attendre Sir Thomas *Montgommery*, Ambassadeur d'Edouard à la Cour de France, qui n'ayant pû se rendre assez tôt à Dieppe ou à Rouen pour la recevoir, lui avoit fait dire qu'il se trouveroit à Alençon sur son passage. Il restoit de la part de l'Angleterre quelques formalitez, dont ce Ministre étoit chargé ; & Louis X.I. avoit donné ordre en mêmetems au sieur de Genlis & à Jean Raguenet, Receveur General de Normandie, de se rendre au même lieu pour assister de sa part à cette derniere scene. Ils se conformerent volontiers aux intentions de la Reine. Montgommery, suivant les ordres qu'il avoit reçus de son Maître, reçut de cette Princesse une confirmation libre de l'Acte par lequel on l'avoit deja fait renoncer, en sortant de la Tour de Londres, à son douaire, à ses joyaux & à tout ce qu'elle pouvoit reclamer en qualité de Reine Douairiere d'Angleterre. Les deux Ministres de

France

France étoient chargez de prendre cette occasion pour lui apprendre à quel prix le Roi s'étoit employé si ardemment pour sa liberté. René, par un Testament signé à Lyon au commencement de la même année, avoit cedé à la France tous ses droits sur la Provence, sur l'Anjou, & sur les Duchez de Lorraine & de Bar. La seule condition qu'il avoit attachée à ce beau present, avoit été, que Louis XI. payeroit la rançon de sa fille, & feroit à cette Princesse une pension convenable à son rang. Elle fut obligée de confirmer aussi cette disposition du Roi son pere.

La satisfaction qu'elle ressentoit de se voir libre, ne l'empêcha point de remarquer ce que lui coutoit cette faveur. Elle se trouvoit depouillée dans le même instant, non-seulement de tout ce que le droit établi lui accordoit en Angleterre, mais de tous les avantages qu'elle tiroit de sa naissance pour la succession de la Maison d'Anjou dont elle étoit l'unique heritiere. Il n'étoit pas tems de reclamer contre des loix si dures. Elle s'en plaignit au Roi son pere; mais elle dût être consolée par la réponse de ce bon vieillard, qui ne s'étoit déterminé au sacrifice de tous ses biens que pour se procurer la douceur de la revoir. Elle se rendit à Aix, où il étoit retourné; & jusqu'à la mort de ce Prince, qui arriva le dix de Juillet 1480. le silence des Historiens, semble marquer qu'elle y vécut dans l'éloignement absolu de toutes sortes d'affaires.

Cependant son repos y fut troublé par une visite qu'elle étoit fort éloignée de prévoir, & qui la rengagea malgré elle dans des souvenirs trop capables de r'ouvrir toutes les playes de son cœur. La Duchesse de Clarence, fugitive d'Angleterre, après la mort de son mari, vint chercher un azyle & de la consolation près d'elle. Son malheur étoit si recent, qu'étant encore baignée de larmes & penetrée d'amertume, elle ne put manquer de communiquer à la Reine une partie de sa douleur. Madame Trott, qui étoit demeurée attachée à elle après avoir obtenu grace d'Edouard par son entremise, lui avoit conseillé de s'éloigner pendant quelque tems de sa Patrie ; & dans la confiance qu'elles avoient toutes deux à l'amitié de Marguerite, elles avoient entrepris le voyage de Provence. Ce ne pouvoit être la fin tragique du Duc de Clarence qui excitoit la compassion de la Reine. Elle ne devoit point ce sentiment au Meurtrier de son fils. Mais elle n'avoit point oublié que la Duchesse l'avoit toujours respectée comme une mere, & le mouvement de tendresse, qui lui avoit fait mépriser toutes sortes de considerations pour lui venir faire ses adieux à Gréenwick, étoit une preuve d'attachement qui ne pouvoit être sortie de sa memoire.

Ceux qui connoissoient le caractere d'Edouard & celui du Duc, ne s'étoient jamais persuadez que leur reconciliation fût sincere ; & quand le premier auroit pu se guerir de ses défiances, & l'autre de son inconstance & de sa légereté naturelle, le Duc de Glocester avoit trop d'interêt à souffler entr'eux le feu de la discorde pour laisser subsister long-tems leur union. Tous les Historiens conviennent qu'il preparoit deja sourdement les moyens de s'assurer la Couronne après la mort du Roi. C'étoit une entreprise bien difficile, puisque ses deux freres aînez avoient des enfans ; mais il y voyoit de la possibilité en y travaillant par degrez Le premier étant de se défaire du Duc de Clarence, il s'étoit efforcé de le noircir dans l'esprit du Roi par mille accusations qui ne pouvoient manquer de vraisemblance après les exemples passez. La Reine qui avoit repris beaucoup de pouvoir sur l'esprit de son mari, depuis qu'elle avoit donné deux Princes à l'Angleterre, fortifioit continuellement ses soupçons ; & le Duc de Clarence naturellement fier & indiscret, avec peu de genie, fournissoit à tous momens des armes contre lui-même par l'imprudence de sa conduite & par la liberté de ses discours.

Il y avoit neanmoins peu d'apparence que sa perte fût si prochaine, lorsque le hazard y donna lieu par une avanture qui n'avoit rien de commun avec des interêts si serieux. Le Roi étant à la Chasse dans le Parc du Chevalier *Burdett*, avec qui le Duc de Clarence étoit lié d'une étroite amitié, y tua un Dain blanc que ce Gentilhomme aimoit beaucoup. Cette perte fut si sensible à Burdet, que dans le premier feu de sa colere, il souhaita, en jurant " que le bois du Dain fût dans " le ventre de celui qui l'avoit tué. " Cette ridicule imprecation, qui n'auroit passé dans un autre, que pour un emportement puerile, fut tournée en crime de haute trahison dans un ami du Duc de Clarence. En deux jours Burdet fut condamné à mort & executé publiquement. Le Duc étoit alors en Irlande. Ceux qui n'avoient sollicité le supplice de son ami que pour lui donner occasion d'irriter le Roi par quelque fausse démarche, se hâterent de le faire avertir de cet évenement. Il revint furieux, & ne ménageant personne à son arrivée, il reprocha au Roi même, avec la derniere hauteur, d'avoir manqué de consideration pour un frere à qui il étoit redevable de sa Couronne. Ce transport étoit peut-être pardonnable à l'amitié; mais il y joignit des menaces si inconsiderées, qu'Edouard ne balança point à le faire arrêter. Ses Ennemis, dont le plus dangereux étoit toujours le Duc de Glocester, eurent soin d'éloigner du conseil tous ceux qui pouvoient lui être favorables. Ils dresserent eux-mêmes plusieurs chefs d'accusations, dont les principaux regardoient la personne du Roi. Enfin, par une juste disposition du Ciel, qui destinoit tous ces Princes sanguinaires à perirpar leurs haines & par leurs fureurs mutuelles, il fut condamné à mourir, & tout l'adoucissement que le Roi mit à sa Sentence, fut de lui abandonner le choix du supplice.

La Duchesse étoit alors en Irlande, avec deux jeunes enfans qu'elle avoit eus de son mariage. Ses amis eurent le tems de la faire avertir du peril de son mari avant sa condamnation, & sa diligence fut extrême pour aller solliciter sa grace. Mais si elle fut mortellement affligée d'apprendre en arrivant à

Londres, que son Arrêt étoit prononcé, elle s'abandonna encore plus aux larmes, en apprenant pour quel genre de supplice il s'étoit declaré. Insensible en apparence aux horreurs de son sort, il avoit demandé au Roi d'être étouffé dans une Cuve de Malvoisie. La Duchesse ayant obtenu la liberté de le voir, n'omit aucun effort pour lui faire perdre une si miserable résolution, & dans la necessité où il étoit de rendre sa vie au Ciel, elle eut le courage de l'exhorter à ne pas chercher d'autre voye que celle de ses pareils; mais se faisant un jeu de son supplice, il la pressa instamment d'y assister. L'affoiblissement de ses forces, causé par la honte & par la douleur, la dispensa de ce funeste office. Elle refusa même d'entendre les circonstances d'une scene si odieuse, & pleurant l'aveuglement autant que la mort d'un mari qu'elle avoit toujours tendrement aimé, à peine attendit elle le rétablissement de sa santé pour s'éloigner de l'Angleterre avec ses enfans.

Ce recit n'excita dans la Reine,

avec une vive pitié pour la Duchesse, qu'une respectueuse admiration de la Justice du Ciel, qui prenoit soin de la venger. Combien ce sentiment n'auroit-il pas augmenté, si penetrant dans l'avenir, elle eut pu voir tous les Ennemis & les Bourreaux de son Sang tomber successivement sous le poignard les uns des autres. Mais éloignant au contraire tout ce qui pouvoit reveiller sa haine, & cherchant desormais la paix du cœur dans l'oubli même de ses ressentimens, elle s'efforça par ses discours & par son exemple d'inspirer à la Duchesse de Clarence les mêmes dispositions. Elle la retint six mois auprès d'elle, & la voyant assez tranquille pour la faire souvenir de l'interêt de ses enfans, qui sembloit demander son retour en Angleterre, elle lui conseilla de sacrifier les restes de sa douleur à leur fortune en allant solliciter pour eux les faveurs du Roi leur oncle.

La mort de René rompit enfin l'unique lien qui pût attacher Marguerite au commerce des hommes.

Après lui avoir rendu les derniers devoirs, elle ne pensa plus qu'à l'execution du dessein qu'elle avoit formé depuis si long-tems de se derober au monde, où elle ne voyoit plus rien qui fût capable de l'arrêter. Cependant, elle crut pouvoir donner quelque preference, dans le choix d'un tombeau, à la Province d'Anjou, qu'elle regardoit particulierement comme l'heritage de sa Maison, & où elle avoit regreté de ne pas trouver le Roi son pere en sortant de sa prison. Avec son panchant, elle eut une raison beaucoup plus forte de s'y determiner, dans les secours qu'elle esperoit pour le reste de sa vie, d'un homme dont René lui avoit vanté, en expirant, la droiture & la fidelité. C'étoit un vieux Gentilhomme d'Anjou, nommé *Vignoles*, qui avoit des biens considerables dans cette Province, & qui ayant passé la plus grande partie de sa vie au service du Roi de Sicile, ne souhaitoit, après la perte d'un si bon Maitre, que de se retirer dans ses Terres pour y attendre tranquillement la mort. Il repondit avec empressement à l'envie que Marguerite lui marqua de prendre le même chemin. Mais lorsqu'elle se fut ouverte à lui de ses projets de solitude, il lui representa avec beaucoup de sagesse qu'une resolution de cette nature ne convenoit ni à son rang, ni au rolle extraordinaire qu'elle avoit soutenu long-tems avec tant de gloire. Ses raisons étoient simples : « Ou vous „ prendrez le parti, lui dit-il, de vous „ assujettir tout à fait aux loix du „ Cloitre, ou vous vous bornerez „ à vous y faire une retraite qui ne „ changera rien au train de vie que „ la bienseance exige d'une Reine. „ Dans le premier cas, vous ne con- „ siderez point assez ce que votre „ imagination vous prepare de tour- „ mens ; & dans le second, vous ne „ voyez pas que vous ne cherchez „ qu'à vous gêner vous-même & à „ incommoder les autres. „

Quelqu'impression que ce raisonnement pût avoir faite sur son esprit, elle n'étoit point destinée par la Providence à se voir dans la liberté de suivre son inclination. A peine fut-elle arrivée en Anjou que Louis XI. lui fit proposer une nouvelle confirmation du Testament de René, par un Acte plus autentique que celui que Genlis & Raguenet avoient reçu d'elle à Rouen. Cette proposition, qui sembloit marquer quelque doute de la validité de son premier Acte & de la disposition même du Roi son pere, lui fit naître, à l'instigation de Vignoles, la pensée d'examiner si la Justice ne l'autorisoit pas effectivement à revenir contre une donation sur laquelle on ne l'avoit point consultée, & qu'elle avoit signée dans des circonstances où le miserable état de sa fortune lui en faisoit une loi. Elle ne se flattoit pas sans doute de forcer le Roi à lui restituer malgré lui les Provinces ausquelles elle avoit renoncé; mais la pension qu'il devoit lui donner en èchange n'étant pas payée aussi exactement que le prix de sa rançon l'avoit été au Roi d'Angleterre, Vignoles lui faisoit esperer qu'un peu de resistance serviroit du moins à rendre Louis plus fidele, & peut-être à lui faire augmenter une amitié qui n'avoit aucune proportion avec les biens qu'il lui enlevoit. Ce conseil ne tourna point à sa satisfaction. Les Commissaires que le Roi lui avoit envoyez ayant marqué à ce Prince qu'ils trouvoient quelque difficulté dans l'execution de ses ordres, en reçurent un d'autant plus mortifiant pour elle, que dans l'esperance de tirer quelque fruit de son opposition, elle avoit deja pris des engagemens qui supposoient plus d'exactitude dans le payement de sa pension. Le Roi lui fit dire qu'elle oublioit trop tôt de quelle situation il l'avoit tirée, & que si elle regretoit la succession de son pere, il étoit prêt à la lui restituer, mais à condition qu'elle en iroit jouir à la Tour de Londres. Il fallut changer de langage, & signer un nouvel Acte, qui fut passé au Château de *Reculée*, près d'Angers, le 19. Octobre 1480.

Les engagemens qu'elle avoit pris, & qui la jetterent dans une suite de mouvemens & d'embarras fort opposez à ses resolutions, regardoient les Comtes de Richemont & de Pembroock, que le Duc de Bretagne continuoit de faire garder à Vannes. Ils n'avoient pu ignorer qu'elle s'étoit rapprochée d'eux, & se flattant aussi-tôt qu'ils en pourroient tirer quelqu'avantage, ils n'avoient pas manqué de lui faire demander avec son amitié quelque marque de l'intérêt qu'elle prenoit encore à la Maison de Lancastre. Outre leurs necessitez de fortune, qui la porterent à leur promettre un secours annuel en forme de pension, ils la firent informer du peril auquel ils étoient exposez continuellement de la part d'Edouard. Ils avoient eu le bonheur d'en éviter un, dont on trouve toutes les circonstances dans *Argentré*, & qui commençoit à leur rendre la simplicité du Duc de Bretagne aussi redoutable que la haine & les artifices d'Edouard. La Treve qui avoit été souvent violée entre l'Angleterre & la Bretagne demandant d'être renouvellée avec des conditions plus fermes, le Roi avoit pris cette occasion pour envoyer des Ambassadeurs Extraordinaires au Duc, & l'on n'avoit point eu de peine à retablir les deux Nations

dans une parfaite intelligence. Mais après les discussions d'interêt, les Ambassadeurs s'étoient ouverts au Duc sur le principal objet de leur negociation. Ils lui avoient representé " que le Roi leur Maître desiroit ardemment d'éteindre pour
„ jamais le feu des factions, qui
„ avoit causé de si longs desordres
„ en Angleterre ; que la Maison de
„ Lancastre n'ayant plus d'autre
„ Prince que le Comte de Riche-
„ mont, son dessein étoit de le ma-
„ rier avec une de ses filles, pour
„ unir les deux Maisons par ce ma-
„ riage ; qu'il le prioit dans cette
„ vûe de lui envoyer le Comte, à
„ qui il lui tardoit de donner des
„ preuves de son affection qui fissent
„ connoitre à tous ses Peuples le
„ desir qu'il avoit de les rendre
„ heureux par une tranquillité inal-
„ terable. „ Le Duc de Bretagne, porté par sa candeur naturelle à juger favorablement de celle d'autrui, ne soupçonna point Edouard de cacher un odieux dessein sous ces apparences de moderation. Il fit remettre le Comte de Riche-

mont aux Ambaſſadeurs, qui ſe hâterent de partir avec leur proie pour aller s'embarquer à S. Malo.

Mais ce jeune Prince n'avoit pas negligé ſi long-tems de s'échapper de ſa priſon ſans y être retenu par des chaines plus puiſſantes que celles du Duc. Il étoit amoureux d'une fille de ſa Nation, dont la famille ſe trouvoit établie à Vannes, & cette paſſion le rendoit ſourd depuis long-tems à toutes les inſtances du Comte de Pembroock, qui l'avoit preſſé mille fois de profiter de la facilité qu'ils avoient continuellement à s'évader. Cette fille, qui étoit d'une naiſſance commune & qui ſe nommoit *Lée*, penetra l'artifice d'Edouard en ſe voyant enlever ſon Amant. Elle engagea ſon pere à ſe rendre avec la derniere promptitude à la Cour, où il repreſenta au Duc « que la demarche qu'il venoit „ de faire le couvroit d'une éter- „ nelle infamie ; ſans compter que ſa „ conſcience ne lui permettoit pas „ de livrer un Prince, qui ſe croyoit „ en ſûreté ſous ſa protection, à ſon „ plus mortel Ennemi. „ Ce diſcours fit ouvrir les yeux au Duc. Il fit partir sur le champ Pierre Landais pour Saint Malo, avec ordre d'employer jusqu'à la force pour tirer le Comte de Richemont des mains des Ambassadeurs, s'il pouvoit faire assez de diligence pour prevenir leur embarquement. Ceux qui ont accusé le Duc de s'être laissé gagner par une grosse somme qu'il avoit reçue d'Edouard, & de n'avoir changé de sentiment que par la force de ses remords, n'ont pas fait attention que si les Ambassadeurs eussent employé cette voie pour seduire le Maitre, elle leur auroit reussi bien plus facilement avec un Ministre aussi corrompu que Pierre Landais, qui étoit en même tems son favori. Cependant, étant arrivé à Saint Malo dans le moment que les Ambassadeurs alloient s'embarquer, il les fit avertir de la part du Duc qu'il lui restoit quelqu'affaire importante à leur communiquer, & tandis qu'il étoit en conference avec eux, les gens de sa suite, à qui il avoit donné ses ordres pour faire évader les deux Prisonniers,

ſonniers, les conduiſirent dans une Egliſe. Il ſuffiſoit qu'ils fuſſent hors des mains de leurs Raviſſeurs pour n'avoir rien à redouter dans une Ville qui étoit ſoumiſe au Duc. Les Ambaſſadeurs ſe plaignirent amerement d'avoir été trompez : mais après quelques excuſes frivoles, on leur repondit nettement que le Duc de Bretagne ayant fait de nouvelles reflexions ſur la demarche où il s'étoit laiſſé engager, avoit compris qu'il ne pouvoit livrer le Comte au Roi ſans ſe perdre d'honneur, & qu'il promettoit ſeulement de le faire garder avec tant de ſoin qu'Edouard n'auroit rien à craindre de ſes entrepriſes.

Vannes continua d'être ſa priſon; mais le peril dont il étoit ſorti ſi heureuſement pouvant ſe renouveller par d'autres voyes, le Comte de Pembroock conjuroit Marguerite de joindre ſes inſtances aux ſiennes pour engager le Prince à ſe metre en ſûreté par une fuite prudente, & la prioit même de favoriſer ce deſſein par les ſecours qu'elle pouvoit leur procurer aisément à si peu de distance de la Bretagne. Elle ne réfusa point de leur rendre ce service; mais la difficulté étoit de le faire accepter au Comte de Richemont, ou plutôt de le faire renoncer à une passion qui sembloit le rendre également insensible aux bienseances de son rang & au soin de sa vie. Après quantité d'efforts inutiles, dont le Prince se défendoit par des raisons prises de sa grandeur d'ame & de l'opinion qu'il avoit de la generosité du Duc de Bretagne, ce fut la Reine qui proposa elle-même au Comte de Pembroock de faire partir secretement Catherine Lée, pour le lieu où il vouloit conduire son neveu, & de donner ensuite à ce Prince pour motif de son propre départ l'esperance de la rejoindre. Il ne fut pas aisé de la faire entrer dans un projet dont elle apprehendoit quelque tache pour son honneur. Malgré la tendresse dont elle ne se défendoit point pour son Amant, elle ne lui avoit accordé jusqu'alors aucun avantage sur elle, & soit que l'exemple d'Elisabeth Vvoodwille excitât sa presomption, soit qu'elle voulut faire prendre plus de force aux sentimens du jeune Comte pour en assurer la durée, elle se contenoit dans une modestie qui servoit de jour en jour à les augmenter. Cependant, elle se rendit à l'autorité de son pere, qui étoit disposé à tout sacrifier pour un Prince qu'il regardoit comme son Roi. Etant partie sous sa conduite, ce fut à la Reine même que le Comte de Pembroock les adressa, & dans les excuses qu'il en fit à cette Princesse, il lui marquoit que son neveu & lui ne seroient pas deux jours à les rejoindre.

Marguerite étoit alors au Château de Dampierre, qui appartenoit à Vignoles. Si elle fut surprise que le Comte l'eut choisie pour depositaire de Lée & de sa fille, elle n'en reçut pas cette jeune personne avec moins de bonté & d'amitation. C'étoit au Comte de Richemont qu'elle croyoit devoir le premier de ces deux sentimens; mais la consideration du Comte ne deroboit rien de l'autre à Catherine Lée, que Marguerite trouva digne de toute la passion qu'elle avoit inspirée au premier Prince d'Angleterre. Les témoignages qu'on avoit de sa sagesse lui faisant joindre l'estime à l'inclination, non-seulement elle consentit à la garder près d'elle, mais elle prit un interêt à sa conduite & à sa fortune, qui servit dans sa suite à la rendre une des plus heureuses femmes de son tems. Deux jours, & huit se passerent, sans qu'on entendit parler du Comte de Pembroock. La Reine inquiéte envoya secretement Vignoles à Vannes. Il revint avec de fâcheuses nouvelles. Les deux Comtes ayant manqué de précautions dans les préparatifs de leur fuite avoient été arrêtez par les Gardes qui les observoient, & le Duc de Bretagne irrité de leur entreprise les avoit fait transporter dans l'Isle d'Oüessant, où ils étoient gardez avec une rigueur qu'il n'avoit jamais marqué pour eux pendant leur sejour à Vannes. Leur perte, à laquelle il sembloit que le Duc voulût contribuer lui-même par la facilité qu'il donnoit au premier Vaiſſeau d'Angleterre, de les enlever dans une priſon fort mal défenduë, allarma ſi vivement la Reine, qu'elle ſe reprocha d'avoir pris trop de part à des interêts qui n'étoient plus propres qu'à troubler ſon repos. Quel rapport avoit-elle deſormais à la Maiſon de Lancaſtre & à la ſucceſſion d'Angleterre ? Etoit-ce l'eſpoir de ſe voir rétablie dans des droits qu'elle avoit abandonnez ? étoit-ce l'ambition ou la vengeance, qui pouvoient lui faire ſouhaiter une révolution favorable au jeune Comte ? Elle avoit enſeveli toute ſa haine à la Tour pendant cinq années qu'elle y avoit paſſées à rétablir la paix dans ſon cœur, & le ſéjour qu'elle avoit fait en Provence avoit achevé de calmer toutes ſes paſſions. Pourquoi s'expoſer en faveur d'autrui à de nouvelles agitations qu'elle n'auroit pas voulu reſſentir pour elle-même ?

Cependant, ſa generoſité, plus forte que toutes ces reflexions, ne lui permit point d'abandonner un jeune Prince, à qui elle ne voyoit plus d'autre reſſource que ſon ſecours. Vignoles étoit un homme d'experience qui avoit accompagné dès sa jeunesse le Roi de Sicile dans toutes ses Guerres. Elle le chargea d'employer tout ce qu'il pourroit trouver d'expediens dans sa prudence & dans son courage pour delivrer les deux Comtes. Lée s'offrit à l'accompagner. Ils partirent avec peu de gens, dans la crainte de se trahir par les moindres apparences; & s'étant fournis d'une grosse somme d'argent, qui pouvoit leur faire trouver au besoin un Vaisseau & des Soldats, ils se rendirent à la Rochelle, d'où il leur fut aisé de gagner l'Isle d'Oüessant.

La seule place de l'Isle qui fût capable de quelque défense étoit le Château, où les deux Comtes étoient renfermez. Vignoles n'avoit pris avec lui que dix hommes, parce qu'il faisoit plus de fond sur son adresse que sur la force ouverte. S'étant informé sans affectation de tout ce qui ne pouvoit être inconnu aux habitans de l'Isle, il apprit que la Garnison étoit composée de soixante hommes, & que les deux

Comtes à qui l'on accordoit quelquefois la liberté de chasser, ne sortoient jamais sans les avoir à leur suite. Il n'en espera pas moins de les enlever dès la premiere fois qu'ils sortiroient du Château. S'étant deguisé en Paysan, il fit rentrer ses gens dans son Vaisseau, avec ordre de se tenir prêts à s'éloigner du rivage au premier signe. Il s'assura par ses largesses de la discretion de quelques Paysans qui habitoient la côte, & leur faisant tenir trois chevaux prêts derrierre une haie qui servoit à les cacher, il attendit le moment où il verroit les portes du Château s'ouvrir. Les deux Comtes parurent. Il n'eut pas de peine à se faire connoître d'eux pour un homme qui cherchoit à les servir. Deux mots d'explication leur firent comprendre ce qu'ils avoient à faire pour le seconder. Ils furent plutôt à cheval que leurs Gardes ne s'en apperçurent, & gagnant aussi-tôt le bord de la Mer avec leur guide, ils s'embarquerent sans avoir trouvé le moindre obstacle.

Mais, par un hazard fort étrange,

dans le tems que les matelots s'agitoient pour mettre à la voile, & que les deux Comtes, qui avoient gagné le Vaisseau dans une Chaloupe, recevoient les félicitations de Lée & de Vignoles, une Barque plate partie du Port voisin, amenoit dans l'Isle soixante Soldats qui venoient relever la garnison du Château. Il fut impossible aux matelots de saisir le vent avec assez de diligence pour surpasser celle des Rames. La curiosité seule porta d'abord les Officiers de cette Troupe à s'approcher du Vaisseau; mais étant montez à bord, l'embarras de ceux qui forçoient les deux Comtes à se cacher, & bientôt la vûe des Soldats de l'Isle qui parurent en troupe sur le rivage, leur firent juger qu'ils avoient besoin de quelque precaution. Une legere resistance les auroit d'abord écartez si les deux Seigneurs n'eussent point été sans armes, & si Vignoles n'eût pas cru que la prudence les obligeoit à se cacher. Il fut trop tard pour songer à se défendre lorsque le Vaisseau fut rempli de Soldats, qui apprirent par les cris de ceux qui étoient à terre que c'étoit le Comte de de Richemont qui leur échappoit.

Il fut conduit au Duc de Bretagne avec Vignoles & tous ses gens. L'indignation du Duç fut si vive à la premiere nouvelle qu'il eut de leur hardiesse, qu'il les eût envoyez sur le champ au supplice s'ils ne s'étoient fait connoître pour des Domestiques de la Reine Marguerite, qui n'avoient formé leur entreprise que par ses ordres; Lée seul étoit son Sujet. Il ordonna qu'on lui fit son Procès avec la derniere rigueür, & s'étant fait presenter les deux Comtes, il les menaça de les envoyer dans une prison plus sure en Angleterre. Mais le jeune Comte lui reprocha d'un ton ferme, l'abus qu'il faisoit de la force, pour lui imposer un joug qu'il n'étoit obligé de souffrir par aucune loi; & lui faisant honte de la soumission qu'il marquoit pour Edouard, il le ramena par degrez à des sentimens si moderez, qu'après s'être retranché sur la parole qu'il avoit donnée au Roi d'Angleterre, il lui promit de le renvoyer à Vannes, s'il vouloit lui engager la sienne d'y vivre avec autant de tranquillité qu'il y avoit vêcu jusqu'alors. Le Comte qui s'attendoit à rentrer dans une prison plus étroite que celle dont il étoit sorti, se garda bien de rejetter cette proposition ; mais soutenant le ton qui lui avoit si heureusement reussi, il repondit au Duc que pour mettre quelque égalité dans les conditions, il falloit donc qu'il s'engageât lui-même à ne jamais abuser du pouvoir qu'il avoit sur lui pour le remettre entre les mains d'Edouard. Il y avoit dans cette demande un air de justice, dont le Duc fut frappé. Il s'engagea par serment à ne se rendre jamais coupable d'une si basse trahison ; & pour achever de satisfaire le Comte, il lui accorda la grace de Lée.

Il falloit effectivement que les deux Comtes fussent bien peu contraints dans leur prison de Vannes, puisque le malheur qu'ils avoient eu d'être arrêtez en voulant prendre la fuite n'étoit venu que de l'imprudence grossiere de quelques-uns de leurs gens, & qu'avec un peu plus de ménagement, ils se procurerent dans la suite les moyens de faire plusieurs fois le voyage d'Anjou. Outre les précautions qu'ils prirent toujours pour cacher leur absence, ils eurent soin qu'on ne pût leur reprocher d'avoir violé leur engagement. Il consistoit à demeurer fidélement sous la garde & la protection du Duc de Bretagne. Loin de penser à s'y soustraire, l'un demeuroit toujours à Vannes dans l'absence de l'autre; autant pour être le garant de son retour, que pour deguiser mieux la liberté qu'ils s'accordoient successivement. Ainsi l'on peut s'imaginer qu'ils n'étoient gardez que lorsqu'ils s'écartoient de leur demeure, & qu'avec un peu d'adresse il leur étoit d'autant plus aisé de s'échapper alternativement, que le moindre pretexte d'incommodité pouvoit persuader que l'un gardoit son appartement lorsqu'on voyoit paroître l'autre. Aussi tous les Historiens ne donnent-ils point d'autre idée de leur prison.

L'usage qu'ils firent de cette facilité à visiter la Reine, rendit bien-tôt la retraite de cette Princesse comme le centre de tous les desseins qui furent formez en faveur de la Maison de Lancastre. Ce fut de-là que le Comte de Richemont sensible à l'infortune du Comte d'Oxford, qui étoit toujours étroitement resserré au Château de Hames, & prévoyant l'utilité qu'il auroit tôt ou tard à tirer de ses services, envoya Lée & Vignoles pour tenter de lui ouvrir les portes de sa Prison. Il y étoit chargé de fers, & dans un état qui justifia bien la haine qu'il porta toute sa vie à Edouard & à tout son Sang. Vignoles, pour satisfaire non-seulement l'Heritier des Lancastres, mais la Reine même, qui ne devoit pas moins de reconnoissance que lui au Comte d'Oxford, eut la constance de passer plusieurs mois aux environs de Hames, occupé sans affectation à se lier avec le Gouverneur du Château & avec tous ses Gens. Il obtint aisément dans cette familiarité la permission de voir le Comte; mais n'ayant pû trouver un moment favorable pour lui apprendre le service qu'il cherchoit à lui rendre, il forma sur d'autres circonstances un projet dont le succès lui parut certain. Ayant remarqué que les jours de Fêtes on amenoit le Comte & quelques autres Prisonniers dans une chambre voisine de la Chapelle, pour y entendre la Messe, il ne douta point qu'il ne se trouvât quelqu'un parmi eux qui entendit la Langue Latine. Il gagna le Prêtre pâr une grosse somme; & à la place de l'Epitre ou de l'Evangile il lui fit reciter un avis en latin aux Prisonniers, de se tenir prêts à seconder les efforts qu'on entreprendroit un certain jour pour leur liberté. On ne les amenoit à la Messe qu'après avoir pris soin de leur mettre des entraves aux mains; mais comme si cette précaution eut été suffisante à l'égard de tinq ou six personnes, dont la soumission paroissoit tournée en habitude, on les abandonnoit seuls à leur devotion. Ils ne manquerent point de s'aider mutuellement de toute leur adresse pour se defaire de leurs chaines. Vignoles & Lée, qui avoient fait toutes leurs observations, s'étoient chargez de courtes épées & d'armes à feu, qu'ils tenoient cachez sous leurs Manteaux. Ils sortirent successivement de la Chapelle pour les distribuer aux Prisonniers, & l'usage où l'on étoit de les voir au Château éloignant toutes les defiances, ils eurent toute la liberté qu'ils avoient esperée pour gagner la porte de leur Chambre. Enfin, par une hardiesse dont la suite est beaucoup moins vraisemblable, ou qui doit faire supposer du moins que le Château de Hames étoit fort mal gardé, ils se saisirent du Gouverneur & des Gardes, sans avoir fait d'autre emploi de leurs armes que pour les menacer, & ils partagerent tous, le bienfait qui n'étoit destiné que pour le Comte d'Oxford. Ayant été poursuivis neanmoins avec beaucoup de diligence, le Comte se separa de Vignoles en fuyant, & ne le rejoignit qu'en Anjou.

L'arrivée de ces nouveaux Hôtes apportoit toujours à la Reine quelque renouvellement de douleur, par les souvenirs que leur présence & leur entretien servoient à lui faire rappeller. Mais renfermant sa tristesse dans le fond de son cœur, elle ne leur rendoit pas moins les bons offices qui dépendoient de son crédit & de ses soins. Le Roi d'Angleterre en fit des plaintes à Louis XI. qui repondit froidement à son Ambassadeur, qu'il ne pouvoit priver la Reine du plaisir de recevoir & d'obliger ses anciens Amis. Cependant elle craignit peu de chagriner le Comte de Richemont en traversant ses amours. L'affection qu'elle avoit conçûë pour Catherine Lée, lui faisant souhaiter pour cette fille un sort digne de son esprit & de sa beauté, elle lui representa si vivement le tort qu'elle se feroit en nourrissant la passion d'un jeune Prince qui ne pouvoit lui en donner de preuve honorable pour sa vertu, qu'elle lui fit prendre une ferme resolution de ne plus l'écouter. La douleur du Comte n'ébranla point ce genereux projet; & lorsqu'il fit éclater ses plaintes, Marguerite se chargea de lui faire considerer elle-même que ne pouvant chercher que de l'amusement dans la séduction d'une Fille de mérite, c'étoit respecter trop peu l'honneur & la vertu que de faire un si précieux sacrifice à ses plaisirs. Il ne se rebuta pas neanmoins dans ses poursuites, & les voyages qu'il continuoit de faire en Anjou produisoient toujours quelque marque éclatante de ses sentimens. Le Comte de Pembroock, qui souhaitoit de lui occuper agréablement l'esprit & le cœur, pour dissiper l'ennui de sa situation, favorisoit son penchant par son approbation & par ses services. Il avoit gagné Lée. Le Doyen de Tours, frere de Vignoles, s'étoit laissé engager aussi dans les interêts du Prince. Soit que les deux Comtes eussent dessein de tromper Catherine par quelqu'imposture, soit qu'ils se promissent de rompre aisément un mariage auquel ils ne se proposoient pas d'apporter beaucoup de formalitez, ils étoient convenus avec Lée qu'il presseroit lui-même sa fille de recevoir la main du Comte, & le Doyen étoit disposé à les unir par sa benediction. Des offres si serieuses & proposées par la bouche d'un Pere, firent une puissante impression sur lesprit de Catherine. Le jour fut marqué pour la ceremonie, & quoique le Comte de Pembroock ne put être en Anjou avec le jeune Prince, son consentement devoit suppléer à sa presence. Mais Catherine arrêtée par un mouvement de reconnoissance pour les bontez de la Reine, ou peut-être par la crainte de son ressentiment, n'osa terminer cette Scene sans l'en avoir informée. C'étoit rendre tant de préparatifs inutiles. Marguerite lui fit ouvrir les yeux sur son illusion, & dans le mécontentement qu'elle ressentit contre Lée & le Doyen de Tours, elle les bannit pendant quelque tems de sa presence. Aux plaintes & aux soupirs du Comte, elle repondit par une proposition si adroite qu'en le mettant dans l'impuissance de repliquer, elle se fit de nouvelles armes de son embarras & de son silence pour fortifier la sagesse de Catherine. Voulez-vous prendre le parti, dit-elle à ce Prince, de l'épouser ouvertement, c'est-à-dire, à la face de l'Angleterre & de la France, pour qui le mariage d'un homme tel que vous ne doit point être un mystère? Vous verrez finir aussi-tôt mes oppositions. Le jeune Comte épouvanté de cet offre, & n'osant même en marquer sa pensée dans l'absence du Comte de Pembroock, demeura si long-tems à repondre, que Catherine crut sentir elle-même qu'on n'avoit pensé qu'à la tromper.

Des affaires plus importantes interrompirent bien-tôt cette intrigue badine, & lui firent prendre ensuite un autre cours. Avant que le jeune Comte fût retourné à Vannes, un Anglois, dont la Reine se remit le nom & le visage, s'étant presenté à elle, & lui ayant demandé une audience particuliere, lui remit les Lettres de plusieurs Seigneurs, qui l'avoient deputé en Anjou, pour interesser cette Princesse dans une grande entreprise. Il devoit se rendre ensuite en Bretagne avec d'autres Lettres, dont il étoit chargé pour les Comtes de Richemont &

de Pembroock, qui étoient le principal objet de son voyage. Les deux Comtes ne rendant jamais visite à la Reine qu'avec beaucoup de mesures, & sous des noms supposez, il ignoroit que le premier fût si prés d'elle. Mais on cessa bien-tôt de lui en faire un mystère, lorsque Marguerite eût appris par ses Lettres le sujet de sa commission.

L'une étoit de Morton, Evêque d'Ely, ancien Conseiller de Henri VI. qui avoit conservé son Emploi depuis le retablissement d'Edouard, mais dont le cœur n'en étoit pas moins fidéle à la Maison de Lancastre. Il avoit une partie de sa famille dans le Pays de Galles, vers le Château de Brecknock, principale Terre du Duc de Buckingham, ce qui lui donnoit occasion de visiter souvent ce Seigneur. Morton étoit celébre en Angleterre par son esprit & son sçavoir. Sa naissance étoit si basse qu'il n'avoit pû devoir son élevation qu'à son merite. Le Duc étant porté par son propre goût à le traiter avec la distinction dont ses talens le rendoient digne, l'avoit vû familiairement dans un ſejour de quelques mois qu'il avoit fait à Brecknock, & leurs entretiens étant tombez neceſſairement ſur les interêts preſens de la Nation, l'habile Prelat s'étoit inſinué ſi adroitement dans ſa confiance, qu'il avoit penetré le fond de ſes ſentimens. La Cour d'Angleterre avoit peu de Seigneurs auſſi diſtinguez que le Duc par la naiſſance & les qualitez naturelles. Il avoit rendu au Roi Edouard des ſervices importans dont il ne croyoit point que la dignité de Grand Connetable du Royaume fût une aſſez haute recompenſe. Haſtings & Stanley partageoient une faveur qu'il auroit voulu poſſeder ſeul; & pour comble de degoût, la Reine, qui faiſoit profeſſion de ſoutenir la nouvelle Nobleſſe contre l'ancienne, lui avoit fait manquer l'heritage de la Maiſon d'Héréford, auquel il ſe croyoit des droits inconteſtables. En s'ouvrant à Morton, il lui confeſſa non-ſeulement ſon averſion pour Edouard, mais encore le regret qu'il ne pouvoit s'empêcher de ressentir d'être entré dans le complot du Duc de Glocester pour enlever la Couronne à ce Prince ou à ses enfans. Ce qu'il regretoit n'étoit pas le mal qui devoit tomber sur Edouard, mais n'ayant pas plus de raisons d'aimer le Duc son frere, il s'affligeoit de la necessité où le reduisoit sa haine, de ne pouvoir se vanger de l'un qu'en s'attachant aux interêts de l'autre. Il avoit promis au Duc de se tenir prêt à le seconder, soit qu'il prît le parti de lever le masque pour attaquer ouvertement le Roi, soit qu'attendant sa mort il regardât comme une entreprise plus aisée de detrôner ses enfans. La santé d'Edouard ne lui promettoit plus une longue vie. Il étoit si sensible à la honte d'avoir été joué par Louis XI. qui venoit de conclure le mariage du Dauphin avec Marguerite d'Autriche, qu'il depeprissoit de jour en jour. La Princesse sa fille avoit été élevée si ouvertement dans l'esperance d'Epouser ce Prince que les Anglois la nommoient déja Madame la Dauphine ; & quand Edouard se souvenoit que c'étoit par cette promesse qu'il s'étoit laissé persuader de ramener son armée de France, sans avoir tiré l'épée, il entroit dans des transports qui avoient fait craindre plus d'une fois pour sa vie. Le Poison, si l'on en croit quelques Historiens, faisoit aussi son effet, par les mains du Duc de Glocester, qui en renouvelloit de tems en tems la doze. Mais en supposant que la mort du Roi satisfit bien-tôt la haine de Buckingham, ce n'étoit que pour le faire tomber sous une tyrannie qui ne lui étoit pas moins odieuse, & à laquelle il se reprochoit de s'être mis dans l'engagement de contribuer.

Ce fut après s'être assuré de lui par cette confidence que Morton lui tint un discours, dont plusieurs Historiens ne parlent que deux ans après, dans le tems que ce Prelat étoit sous la garde du Duc au Château de Brecknock; mais outre que l'époque en est fixée par sa Lettre à la Reine Marguerite, il n'est pas vraisemblable que s'il n'eut pas déja eu des liaisons fort étroites avec le Duc, il eut osé se fier à lui dans un tems où il étoit prisonnier d'Etat sous ses ordres ; sans compter que l'ordre naturel de ce fait s'accorde avec la Relation de plusieurs autres Ecrivains, qui assurent que ce fut par amitié pour Morton, & pour le derober à d'autres perils, que le Duc en demanda la garde à Richard III. Ce qui se passa donc ensuite à Brecknock, ne pouvoit être que l'effet de cette premiere ouverture.

Le Prelat ayant laissé au Duc de Buckingham tout le tems de s'expliquer, le plaignit autant de s'être rendu l'instrument des fureurs du Duc de Glocester, que des mortifications qu'il avoit reçûës d'Edouard. Ensuite pour l'amener par de longs detours au point sur lequel il pensoit à le sonder, il le fit convenir que non-seulement ces deux Princes, mais tout ce qui étoit sorti d'eux & du Duc de Clarence, ne promettoit point à l'Angleterre un bonheur que le Ciel n'accorde jamais à la race des Hommes cruels & sanguinaires. Les preuves s'en offroient d'elles-mêmes dans un si grand nombre d'exemples recens. Ces Princes reprouvez de Dieu devoient donc être en horreur à tous les gens de bien, sur tout lorsqu'ils pouvoient se donner un autre Maitre, qui avec les mêmes droits du côté de la nature avoit en partage toutes les qualitez qui forment les plus excellens Rois. Après une riche énumeration de talens & de vertus, le Prélat voyant que le Duc cherchoit avec embarras à qui pouvoit convenir ce portrait, le nomma lui-même, comme descendant d'Edouard III. par une fille de ce Prince mariée à Thomas de Vvoodstock.

Buckingham parut extrêmement frappé d'une conclusion à laquelle il s'étoit peu attendu. En se défendant avec modestie des éloges de Morton, il convint que la nature lui donnoit des droits qu'un homme d'un caractere plus ambitieux auroit pû chercher à faire valoir. Cependant sans se livrer à cette idée, il demanda quelque tems pour reflechir sur une ouverture si importante. Morton, qui ne pensoit qu'à le mettre à l'épreuve, attendit avec inquietude inquetude le fruit de cette deliberation. Mais il revint de toutes ses craintes, lorsque l'ayant revû le lendemain, il l'entendit rejetter froidement pour lui même une proposition qui ne devoit venir qu'après l'exclusion d'un autre Prince, dont les droits étoient moins éloignez que les siens, & qui loin de meriter la haine de la Nation lui paroissoit digne au contraire de reunir tous les suffrages. Il nomma le Comte de Richemont. L'Evêque d'Ely, qui n'avoit desiré que ce qu'il avoit la joie d'entendre, applaudit beaucoup à son desinteressement, & le fortifia dans des sentimens si nobles par toutes les raisons qu'il pût tirer de la justice & de l'honneur.

Tous leurs mouvemens & leurs desseins s'accordant desormais en faveur du Comte, ils conçurent que malgré l'esperance presente de pouvoir reveiller en peu de tems son Parti, il étoit beaucoup plus sûr d'attendre la mort d'Edouard; non-seulement parce qu'ils n'auroient point à combattre sa fortune, qui avoit été jusqu'alors si surprenante; qu'il n'avoit point perdu une seule des Batailles où il s'étoit trouvé en personne, & que c'étoit toujours de l'extrêmité de l'abbaissement qu'il s'étoit relevé tout d'un coup par de nouveaux miracles ; mais encore plus, parce que les entreprises du Duc de Glocester contre lui ou contre ses enfans, serviroient comme de degrez au Comte pour faciliter les siennes. Ils établirent toutes leurs vûës sur ce principe, & leur premiere resolution fut de faire passer en Anjou un Agent censé & fidéle, qui après avoir communiqué à la Reine un projet dans lequel ils supposoient qu'elle entreroit ardemment, devoit recevoir d'elle des éclaircissemens sur la situation du jeune Prince & des instructions sur la conduite qu'il falloit tenir avec lui. La Lettre de Morton à cette Princesse, celle du Duc de Buckingham & de quelques autres Seigneurs qu'ils s'étoient déja associez, n'étoient que pour la disposer à recevoir leur Deputé sans defiance, & à croire de ſa bouche ce qu'une juſte précaution ne leur avoit pas permis de confier au papier. Ils avoient choiſi pour cette importante commiſſion un Gentilhomme Gallois nommé *Jeffreys*, qui avoit des biens conſiderables dans ſa Province, & qui s'étoit retiré de la Cour par haine pour la Maiſon qui occupoit le Trône.

Marguerite confera long-tems avec lui ſur les diſpoſitions du Duc de Buckingham, qu'elle auroit eu peine à ſe figurer ſinceres ſi elle n'en eût été aſſurée par un garant tel que l'Evêque d'Ely. Les grandes qualitez que l'Hiſtoire attribuë au Duc, étoient mêlées de tant de vices, & la Reine connoiſſoit ſi bien le fond de ce caractere, que ſi elle ne voyoit perſonne plus propre à former un Parti & à le pouſſer avec autant de conduite que de courage, elle étoit perſuadée auſſi que le moindre caprice étoit capable de lui faire abandonner tout d'un coup ſon objet & ſacrifier non-ſeulement les interêts du Comte, mais les ſiens mêmes, à la ſatisfaction d'une paſsion dereglée. Il sembloit, dans les objections qu'elle fit à Jeffreys, qu'elle penetrât clairement l'avenir; car on sçait que le Duc, après avoir rendu des services signalez au Comte de Richemont, se priva lui-méme du fruit qu'il en devoit recueillir, & faillit de causer la ruine de son Parti, lorsqu'ayant été forcé de se cacher chez un de ses anciens Domestiques; il employa le peu de momens qu'il y fut, à deshonorer sa fille; ce qui força ce pere desesperé de violer l'hospitalité à son tour, en le livrant au Roi Richard, qui lui fit trancher la tête. Cet évenement étoit encore éloigné, & regarde un tems qui n'appartient point à cette Histoire; mais la Reine, en se rejouissant pour l'interêt du Comte de lui voir naitre un si bon Defenseur, souhaita, par une de ces craintes qui accompagnent toujours la prudence, que le zéle du Duc ne devint point aussi funeste à l'heritier des Lancastres qu'il lui pouvoit être utile.

Cependant, après avoir entendu de Jeffreys tout ce qui avoit rapport à sa commission, & lui avoit temoigné que sans vouloir tirer aucun fruit de l'entreprise du Duc elle n'en étoit pas moins disposée à la seconder de tout son pouvoir, elle fit appeller le Comte de Richemont à qui l'Agent rendit les mêmes respects que s'il l'eût déja vû sur le Trône. Avec les Lettres des Seigneurs il lui en remit une de la Comtesse de Richemont sa mere. Quoique remariée au Lord Stanley, qui tenoit un des premiers rangs dans la faveur d'Edouard, on n'avoit pas fait difficulté de lui communiquer ce qu'on meditoit en faveur du jeune Comte. Elle y étoit entrée avec toute l'ardeur d'une Mere qui voit sa grandeur attachée à celle de son fils, & toute son inquietude étant que par un excès d'ambition & de courage il ne se livrât temerairement à de si hautes esperances, elle lui recommandoit de ne rien entreprendre sans la participation & le conseil de la Reine.

Il entra si volontiers dans les intentions de la Comtesse que renonçant à se conduire par ses propres lumieres, il prit le parti de retourner sur le champ à Vannes, & de renvoyer à sa place le Comte de Pembroock, pour deliberer sur ses affaires avec la Reine & le Comte d'Oxford. Vignoles & Jeffreys furent admis à cet important Conseil. On agita d'abord si l'honneur permettoit au Comte de Richemont & à son Oncle, après les engagemens formels qu'ils avoient pris avec le Duc de Bretagne, de rompre leurs chaînes & de quitter ses Etats sans son consentement. Buckingham exhortoit le Comte par la bouche de Jeffreys à se menager la protection de la France. Quelle apparence dans la situation où il étoit, de faire connoitre à Louis XI. s'il meritoit son estime & son amitié; & le premier moyen pour former quelqu'entreprise digne de lui n'étoit-il pas la liberté? Le droit naturel dans cette occasion paroissoit plus fort que tous les sermens; sans compter que dans la supposition des justes droits qui l'appelloient à la succession de la Couronne, il devoit se regarder à l'égard du Duc de Bretagne comme un Prince indépendant, qui n'avoit pu être arrêté sans injustice. Ces raisons suffisoient peut-être pour lever tous les scrupules d'honneur. Mais la Reine en fit naître deux qui donnerent une autre face aux déliberations. Premierement, une fuite telle qu'on la proposoit ne pouvoit manquer d'allarmer le Roi d'Angleterre, & c'étoit lui donner occasion de faire des recherches qui les exposoient à voir leur dessein s'éventer en naissant. D'un autre côté, l'on ne pouvoit abandonner si brusquement la Bretagne, sans se faire un ennemi du Duc, & par consequent sans renoncer à toute l'utilité qu'on pouvoit esperer du long sejour que les deux Comtes avoient fait dans ses Etats. Deux objections si fortes parurent sans replique; mais elles ne servoient qu'à rendre le mal plus sensible, si ç'en étoit un de demeurer plus long-tems à Vannes, hors d'état de se montrer & d'agir. La Reine, qui panchoit ouvertement à juger ce dernier Parti necessaire, ne fut-ce que pour endormir Edouard dans la securité où il se croyoit bien établi depuis plusieurs années, ouvrit en même tems une autre proposition, qui parut d'abord aussi revoltante qu'elle la fit reconnoitre sage & avantageuse lorsqu'elle l'eut renduë non-seulement plausible, mais presqu infaillible, par les lumieres superieures de sa prudence. Elle proposa de faire part au Duc de toute l'entreprise, & de le mettre par cette confiance dans la disposition de la favoriser. Quels avantages tiroit-il de ses engagemens avec Edouard, qui ne pussent lui être offerts par un Prince qui aspiroit à monter sur le même Trône? C'étoit avec la Nation plutôt qu'avec le Roi, qu'il devoit chercher à bien vivre, & peu lui importoit par qui cet Etat seroit gouverné lorsqu'il seroit sûr d'en tirer la même utilité pour le sien. Mais la penetration de la Reine alloit beaucoup plus loin. Elle se rappella que le Duc de Bretagne avoit des prétentions sur le Comté de Richemont, qui avoit été possedé autrefois par ses Ancêtres. La seule esperance d'y rentrer lui

lui parut une amorce à laquelle il ne resisteroit pas. Elle soutint qu'il ne falloit pas faire difficulté de s'engager à cette restitution, & dans l'opinion qu'elle conçut de son propre avis, elle osa garantir, que le Duc iroit jusqu'à fournir au jeune Comte, de l'argent, des Troupes & des Vaisseaux.

La force de ses raisons ayant entrainé tout le Conseil, elle jugea encore que les deux Comtes ne devoient point paroitre dans cette negociation avant que le Duc se fût declaré, & que Vignolles qu'elle crut propre à pressentir ses dispositions, n'eût découvert en lui tout le panchant qu'elle lui prevoyoit à profiter du trouble de ses voisins pour se fortifier ou pour s'agrandir. Elle voulut aussi que ce fut en son nom que Vignolles fit toutes ces ouvertures au Duc, & qu'il parût que ses motifs n'étoient qu'un reste d'interêt qu'elle prenoit encore à la Maison de Lancastre, & qui étoit entretenu par les liaisons qu'elle conservoit toujours en Angleterre. Cette maniere de rendre ſervice au Comte de Richemont & de répondre à la confiance de ſa mere, ſatisfaiſoit la generoſité de Marguerite, ſans la jetter dans des agitations trop tumultueuſes qui ne pouvoient convenir deſormais à ſon caractere ni à ſa ſituation. Et ſi l'on en croyoit un de ſes Hiſtoriens, ceux qui auroient penetré le fond de ſon cœur auroient admiré, qu'avec la triſteſſe profonde où elle étoit continuellement plongée, elle fût capable encore d'être ſenſible à l'amitié.

Ses conſeils eurent tout le ſuccès qu'elle s'étoit promis de l'habileté de Vignoles. Le Duc de Bretagne s'engagea preſque ſans deliberer à ſoutenir l'entrepriſe du Comte, & la facilité qu'il eut à ſe lier par les plus fortes promeſſes, ſembla marquer que ſur quelque nouveau mécontentement qu'il avoit reçu d'Edouard, il ne reſpiroit, que l'occaſion de ſe venger. Il regreta même que l'execution fut remiſe à des tems incerteins, & lorſqu'en s'ouvrant davantage, on lui eut appris que ce qu'il regardoit encore comme un simple projet de la Reine, étoit déja resolu de la part du Comte de Richemont & de tous ses Partisans, il se plaignit de la contrainte qui devoit lui faire dissimuler pendant quelque tems la satisfaction qu'il en ressentoit. Les suites de cette fameuse negociation, qui après de longues & dangereuses vicissitudes, aboutit enfin à placer le Comte de Richemont sur le Trône, sont étrangeres au dessein de cet Ouvrage; mais les Historiens qui en attribuent la gloire au Comte de Pembroock, ont ignoré qu'ils la déroboient à la Reine.

Pendant que Vignoles s'employoit si heureusement à la Cour du Duc, & que le Comte de Richemont attendoit à Vannes le succès de sa commission, Jeffreys s'étoit fait une occupation plus douce auprès de Catherine Lée, dont il avoit distingué tout d'un coup le merite & les charmes. Il avoit conçu pour elle, une vive tendresse, & la Reine l'avoit vûe naitre avec plaisir. C'étoit une occasion d'établir avantageusement une fille qui lui étoit chere. Elle n'attendit point que Jeffreys lui eut expliqué ſes ſentimens pour lui propoſer un mariage qu'elle vouloit rendre avantageux pour lui-même par les bienfaits qu'elle deſtinoit à Catherine, & qui devoit ſervir d'ailleurs à guerir le jeune Lancaſtre des reſtes d'une folle paſſion. Jeffreys reçut les offres de la Reine avec des tranſports de reconnoiſſance. Catherine parut les accepter avec ſoumiſſion. Lée ſeul, qui croyoit perdre par ce changement la haute fortune dont le Comte de Richemont l'avoit flatté, s'affligea interieurement du bonheur de ſa fille, & ſe crut intereſſé, pour ſauver quelque choſe de ſes eſperances, à donner avis au jeune Comte des deſſeins de la Reine.

Il en falloit bien moins pour déſeſperer un Amant. Le Comte, oubliant toutes les précautions qu'il avoit gardées juſqu'alors, quitta Vannes avant que ſon oncle y fut retourné, & s'obſerva ſi peu dans les circonſtances de ſon départ, que l'Ambaſſadeur d'Angleterre, averti de ſa fuite, en fit auſſi-tôt ſes plaintes au Duc & le mit dans une extrême embarras pour lui répondre. Cependant, après s'être excusé à ce Ministre d'un mal qu'il n'avoit pas dépendu de lui d'empêcher, il dépêcha secretement à la Reine, pour se plaindre de l'imprudence du Comte, & lui demander l'explication d'une démarche si opposée à toutes leurs conventions. Le jeune Prince étoit déja au Château de Reculée, où ses reproches & ses agitations étoient aussi incommodes à Marguerite qu'à la fille de Léc. Cette Princesse feignant d'ignorer ellemême ce qui l'avoit fait partir si bruquement de Vannes, le fit appeller dans la presence du Député, & le priant de répondre luimême à la demande du Duc, elle espera que son embarras & la honte de cette avanture, deviendroient pour lui une leçon de moderation & de prudence. Mais loin de se déconcerter, le Comte, emporté par la chaleur de la jeunesse & de l'amour, répondit agreablement au Député qu'il étoit amoureux, & que si le Duc croyoit avoir quelque reproche à lui faire, il en pouvoit lever aisement la cause en rendant plus sensible pour lui une personne sur laquelle il devoit avoir quelque autorité. Cette réponse produisit un effet des plus bizarres. Le Député, à qui le Duc n'avoit pu confier ses ordres sans faire quelque fond sur sa fidelité, marqua de l'empressement à la Reine pour se trouver seul avec elle, & reprenant le discours du Comte de la maniere qu'il l'avoit conçu, il offrit à cette Princesse, de pressentir l'esprit de son Maître sur l'inclination du jeune Prince, c'est-à-dire, de lui proposer son mariage avec Anne de Bretagne sa fille, qui étoit digne du premier Trône du monde, & que le Duc, dans les dispositions où il étoit pour le Comte, accorderoit peut-être volontiers à l'heritier de l'Angleterre.

La Reine comprit tout d'un coup son erreur; mais n'en trouvant point cette ouverture, moins avantageuse pour le Comte de Richemont, & jugeant même par l'envie qu'elle voyoit au Député, de se rendre néceſſaire, qu'elle pouvoit lui abandonner la conduite d'un projet dont il étoit comme l'inventeur, elle évita dans ſa réponſe tout ce qui auroit été capable de le détromper. Il retourna vers ſon Maître, dans la prevention que le jeune Prince étoit amoureux de la Princeſſe de Bretagne, & qu'il n'étoit parti de Vannes que pour conſulter la Reine ſur les moyens de faire approuver ſa tendreſſe au Duc. D'un autre côté, Marguerite qui s'étoit aſſez expliquée avec le Député pour augmenter ſon zéle, & pour ſe promettre quelque choſe de cette negociation imprevue, en tira deux avantages qu'elle étendit encore par les ſoins de ſa prudence : l'un, de faire conſentir plus facilement le Comte au mariage de Catherine Lée, en lui inſpirant des idées plus dignes de ſa naiſſance & de ſes prétentions ; l'autre d'engager plus que jamais le Duc de Bretagne dans les interêts du Comte, par l'opinion qu'il prit des ſentimens de ce jeune Prince pour ſa fille & pour lui.

Cependant, elle eut encore à

vaincre bien des resistances & des plaintes, pour accoutumer le Comte à voir tranquillement le bonheur de Jeffreys. S'étant fait une étude de le rendre maitre de lui-même, elle reconnut, dit l'Historien, qu'un cœur est plus difficile à gouverner qu'un Etat; & vers la fin de ses jours, elle fit l'essai d'une prudence qui surpasse peut-être toutes les ruses de la politique. Ce fut le dernier service qu'elle rendit à l'Angleterre. En inspirant à ce Prince la force de surmonter une folle passion, elle le remplit de ces grands principes qui le rendirent pendant toute sa vie, chaste & temperant; qualitez, qui jointes à celles qu'il avoit reçues de la nature, en firent un des plus grands Rois qui ayent porté la Couronne d'Angleterre. Catherine Lée se ressentit plus avantageusement de son estime qu'elle n'auroit jamais fait de son amour. Outre les presens dont il prit plaisir à la combler, il s'engagea, si le Ciel secondoit ses esperaces, à rendre un jour son sort digne d'envie; & l'on voit dans l'Histoire de son regne, qu'il ne perdit pas le souvenir de cette promesse. Marguerite, qui avoit pris une vive affection pour cette belle fille, & qui n'avoit point d'heritiers assez proches ni assez avides pour s'opposer à ses bienfaits, lui donna la meilleure partie des restes de sa fortune, sans autre condition que de vivre auprès d'elle jusqu'à sa mort.

Cette loi étoit une nouvelle faveur; mais Catherine n'en devoit pas jouir long-tems. Le mal qui avoit consumé insensiblement la Reine, touchoit au comble, & des parties interieures où il avoit étendu depuis long-tems ses ravages, il se communiqua visiblement au-dehors. Son sang corrompu par tant de noires agitations devint comme un poison, qui infecta toutes les parties qu'il devoit nourrir. Sa peau se sécha jusqu'à s'en aller en poussiere. Son estomac se retrecit, & ses yeux aussi creux que s'ils eussent été enfoncez avec violence, perdirent tout le feu qui avoit servi si long-tems d'interprete aux grands sentimens de son ame. Il lui en resta neanmoins toute la tendresse & toute la bonté jusqu'à son dernier soupir. Elle employa sa derniere heure à distribuer le peu de bien qui lui restoit, entre ses Domestiques; & sa mort arriva le 25. d'Août 1482. au Château de Dampierre qui appartenoit à Vignoles; où l'on ne dit point par quel motif elle s'étoit fait conduire.

L'Histoire ne nous apprend point d'autres circonstances de sa mort, & *Baudier* (*a*) même, si fécond d'ailleurs en harangues & en reflexions, s'est abstenu comme par respect, de mêler ici les ornemens de son imagination au simple recit de la verité Il assure seulement, comme plusieurs autres Ecrivains, que la Reine mourut de douleur; c'est-à-dire, qu'ayant langui dans une continuelle tristesse, elle succomba enfin à des impressions que le tems n'eut pas le pouvoir d'effacer, car douze ans qui s'étoient passez depuis la mort de Henri VI. & du Prince de Galles ne permettent point de regarder la sienne comme un de ces accès violens qui épuisent tout d'un coup les forces de la nature.

(*a*) Il a écrit une vie de Marguerite d'Anjou, d'où j'ai tiré plusieurs choses. Mais il n'a pas connu les Ecrivains Anglois.

On trouve dans quelques Ecrivains que le Roi Edouard fut soupçonné de lui avoir fait donner du poison. Un autre en accuse le Duc de Glocester. Ils ne pouvoient ignorer ses liaisons avec l'heritier de la Maison de Lancastre, & tous deux avoient un interêt presqu'égal à ravir à ce Prince un conseil & un appui si redoutable. Mais la vraisemblance ne réussit point sans preuves à se transformer en verité. Je me figure même que j'ai decouvert la source de cette fausse imputation dans une erreur qui m'a paru sensible. Ceux qui chargent Edouard ou le Duc de Glocester d'avoir contribué à la mort de la Reine, ajoûtent qu'ils employerent pour cet attentat un Medecin nommé *Bray*, qui feignant d'être passé en France pour s'instruire en voyageant, s'arrêta quelque tems en Anjou. Mais on trouve d'un autre côté qu'après la mort d'Edouard, & lorsque le Duc de Glocester se fut élevé sur le Trône par le meurtre de ses Neveux, la Comtesse de Richemont, d'intelligence avec le Duc de Buckingham pour rappeller de Bretagne le jeune Lancaſtre & pour le marier avec la Princeſſe Eliſabeth, fille ainée d'Edouard, ſe ſervit de Bray, ſon Medecin, dans les communications qu'elle eut avec la Reine, mere de cette Princeſſe. Un Uſurpateur ſoupçonneux pouvant s'irriter du moindre ombrage, la Comteſſe & le Duc firent choix d'un Miniſtre dont ils connoiſſoient également la fidelité & les lumieres. Pourquoi multiplier ici les Medecins du même nom, & leur attribuer des commiſſions ſi differentes? Il me ſemble fort naturel que la Comteſſe de Richemont, impatiente peut-être du retardement de Jeffreys, eût envoyé Bray en Bretagne & en Anjou, pour ſe délivrer des inquiétudes qu'elle en pouvoit reſſentir. Ainſi loin d'avoir ſervi d'inſtrument aux fureurs d'Edouard & de ſon frere, il n'auroit paru chez la Reine qu'à titre d'ami & pour contribuer à ſa ſanté plutôt qu'à ſa mort.

La perte d'une Reine ſi reſpectable par ſes grandes qualitez & ſi digne de compaſſion par ſes infortunes ; ne fut plurée sincerement que de ses Domestiques , & peut-être du jeune Comte de Richemont , qui sentit bientôt ce qu'il avoit à regreter dans son amitié & dans ses conseils. Edouard commença de ce jour à se croire bien afferмi sur son Trône , quoiqu'il lui restât fort peu de tems pour en jouir. Il affecta neanmoins de donner des éloges à la memoire de son Ennemie , & declarant que toute sa haine étoit ensevelie avec elle , il donna une marque publique de cette reconciliation , en faisant transporter le corps du Roi Henri VI. de Chelsea dans l'Eglise de Vvestminster, où il lui fit élever un fort beau Monument. Son dessein étoit d'y rejoindre les deux Epoux , & l'ordre fut envoyé à son Ambassadeur en France de demander le corps de Marguerite à Louis XI. mais l'execution en fut interrompue par la nouvelle de sa mort. Louis s'imagina aussi-tôt qu'il ne restoit personne en Angleterre qui desirât fort impatiemment ce transport. Il parut fort indifferent lui même aux dernieres circonſtances de la Reine, comme il avoit été peu ſenſible aux embarras où elle s'étoit quelquefois trouvée pendant ſa vie. Le goût de ce Prince n'étoit pas pour le merite heroïque. Dans le beſoin continuel où il étoit d'argent pour les dépenſes de la Guerre, il regardoit ſa penſion comme un fardeau. D'ailleurs, une mort qui mettoit le dernier ſceau à la donation du Roi René ne pouvoit lui cauſer des regrets bien ſinceres. Auſſi avoit-il negligé Marguerite juſqu'à la laiſſer quelquefois dans la neceſſité de recourir pour vivre à la generoſité de Vignoles. Elle étoit en Anjou ſans aucune ombre de la Majeſté Royale. Quelques Anglois, qui s'étoient attachez à elle, compoſoient toute ſa Cour, & lui faiſoient payer cher ce reſte de grandeur, par la difficulté qu'elle avoit à l'entretenir. Cependant, au milieu de ſes beſoins, elle avoit ſçu trouver dans ſon œconomie de quoi fournir à ceux du Comte de Richemont, ou de quoi ſuppléer du moins aux médiocres ſecours qu'il recevoit de la Comteſſe ſa mere.

Elle se retranchoit encore tout ce qu'elle pouvoit dérober à la bienséance de son rang, pour suivre l'usage d'un siécle où la pieté consistoit particulierement dans les liberalitez qu'on faisoit aux Eglises & aux Monasteres. Son caractere neanmoins étoit si peu tourné à la superstition que dans tout le cours de son regne, on ne remarque point qu'elle ait affecté une seule de ces pratiques éclatantes dont les Souverains de son siecle ne se dispensoient pas plus que leurs Sujets, telles que les vœux, les Pelerinages, l'empressement outré pour les Reliques & pour les indulgences, ni que l'exemple même d'Edouard; qui avoit quelquefois recours à cet artifice pour en imposer au Peuple, l'ait jamais engagé à se servir contre lui des mêmes armes. Si elle fit quelqu'établissemens en faveur de la Religion, ce fut dans des vûes dignes de son objet; & la vanité qui porte ordinairement les Princes à ces fastueuses fondations, eut si peu de part aux siennes, qu'elle negligea même de s'en attribuer la gloire. Ainsi le College d'*Eaton*, qu'elle fonda près de Vvindsor, passa dès son origine pour l'Ouvrage du Roi son mari.

Quelques traits répandus dans divers Ecrivains n'ajoûteront rien à l'idée qu'on a dû prendre de sa fermeté & de son courage. Cependant, quoique la difficulté de les rapporter à quelque tems fixe de sa vie me les ait fait omettre dans le cours de ma narration, je ne veux rien derober à sa gloire. On raconte que dans la haine qu'elle porta longtems au Comte de Vvarwick, ne l'ayant jamais assez connu pour l'estimer particulierement, & sa prévention lui faisant trouver beaucoup de peine à se persuader ce qu'elle entendoit publier de son merite, elle resolut de se procurer une occasion de le mettre tout à la fois à plusieurs sortes d'épreuves. On ne dit point si c'étoit pendant la Guerre ou dans un intervalle de Paix. Ayant confié son dessein à quatre des plus braves Seigneurs de sa Cour, elle fit dire au Comte que cinq Cavaliers, qui avoient des difficultez à terminer avec lui, souhaitoient de le voir

dans

dans un lieu qu'elle lui marquoit, & que pour ne lui donner aucune défiance de leur bonne foi, ils lui laissoient la liberté de se faire accompagner de quatre amis. Elle ne douta point que le Comte, dont toute la passion étoit pour les avantures extraordinaires, ne fût empressé de se trouver au rendez-vous. Mais elle y étoit la premiere, armée de toutes pieces, elle & ses quatre Confidens. Elle poussa au Comte, la visiere baissée, & le prenant seul à l'écart, elle lui confessa son sexe, avec toutes les flatteries qui pouvoient lui persuader que c'étoit un emportement d'amour qui lui avoit fait prendre une voye si étrange pour se procurer son entretien. Après avoir éprouvé son esprit par ce badinage, elle parut attendre quelque chose de plus de sa galanterie, & cedant à la proposition qu'il lui fit de s'approcher d'un Bois voisin, elle le conduisit au lieu où elle avoit posté dix hommes à pied, qui avoient reçu ses ordres. A peine fut-il entré dans le Bois, qu'il se trouva enveloppé de ces dix hommes, mais de maniere neanmoins qu'étant à cheval, il auroit pû facilement s'échapper par la fuite. La Reine ayant poussé son cheval aussi-tôt, se mit derriere ses gens, qu'elle conjura d'une voix haute, de la venger d'un temeraire. Elle jouit pendant quelques momens du plaisir de voir le Comte incertain; mais soit que cette Comédie fut soutenuë avec trop peu de vrai-semblance, soit qu'il eut effectivement assez de resolution pour mepriser le peril, il parut si disposé à ne pas s'effrayer du nombre, que la Reine arrêta ses gens; & sans cesser de se tenir le visage couvert, " allez, „ Comte, lui dit-elle, vous êtes ga„ lant, vous êtes brave, mais vous „ manquez de prudence. „

La même superstition qui entraînoit les petits & les grands dans une infinité de pratiques aussi opposées à la raison qu'à la veritable pieté, avoit donné beaucoup de credit dans ce siécle aux apparitions des Morts & aux sortileges. Il y a quelque lieu de douter si ceux qui exerçoient alors la Magie étoient perſuadez eux-mêmes de la verité de leurs operations, ou ſi quelque ſuperiorité d'eſprit & de lumieres les mettant en état d'abuſer de la credulité du Public, ils ne cherchoient qu'à le tromper par des impoſtures ; mais la crainte du mal qu'on les croyoit capables de cauſer, ou l'eſperance des ſervices qu'ils pouvoient rendre en faiſoit des perſonnages ſi importans qu'ils ſe trouvoient mêlez dans les plus grandes affaires. On a vû dans cette Hiſtoire à quoi cette manie expoſa la femme d'un Prince du Sang, oncle du Roi, & ſon premier Miniſtre. Le procès du Duc de Clarence m'auroit fourni d'étranges details, ſi je les avois crus dignes de tenir quelque rang dans une narration noble & ſerieuſes. Et le moindre penchant pour ces badines obſervations ne m'auroit pas permis d'oublier le Duc de Glouceſter, frere d'Edouard, qui après s'être lui-même exercé toute ſa vie dans les plus noires pratiques, accuſa la Reine Eliſabeth, Madame Shore & le Lord Hanſtings d'avoir employé le pouvoir de l'Enfer pour lui dessecher le bras. Il n'est pas surprenant que dans cette contagion generale de l'imagination, la Reine Marguerite ait eu quelque part à la même foiblesse; mais ce ne fut jamais pour servir sa haine, ni pour en attendre ces horribles effets qui marquoient autant de malignité dans ceux qui osoient les esperer, que dans l'Enfer même à qui ils vouloient en avoir l'obligation. On rapporte seulement qu'au milieu de l'inquietude où la jettoit continuellement la mauvaise santé de son mari, elle eut recours à un Moine nommé *Shavv*, qui passoit pour être extrêmement versé dans ces infernales connoissances, & que lui ayant vû faire diverses operations par lesquelles il prétendoit penetrer le sort du Roi, elle fut si satisfaite de ses reponses, qu'elle lui demanda les mêmes éclaircissemens sur la destinée de son fils. Mais autant qu'il l'avoit flattée sur le compte de son mari, autant parut-il affecter de lui inspirer d'allarmes pour le Prince de Galles, dont il lui representa la vie comme un tissu perpetuel d'affreux malheurs. La Reine, qui s'étoit livrée volontiers à ce qu'elle avoit trouvé conforme à ses desirs, marqua moins de credulité pour ce qui revoltoit si cruellement sa tendresse; elle ne s'en tint point à l'autorité de son Oracle, & voulant sçavoir quelle liaison il y avoit entre le sort de son fils & les moyens par lesquels on pretendoit le connoitre, ou sur quel fondement on s'attribuoit des lumieres si extraordinaires, ses questions mirent le Moine dans un si grand embarras, qu'elle n'eut point de peine à démêler l'imposture. Sans le faire punir, elle le renvoya avec assez de mépris pour lui ôter la pensée que ses prédictions eussent fait la moindre impression sur elle, & dans la suite elle affecta de ne pas marquer plus d'estime pour ceux qui exerçoient le même Art. Quelques-uns prétendent neanmoins qu'il entroit plus de politique que de veritable persuasion dans cette conduite, & donnent pour preuve de l'impression qui lui demeura de son avanture la timidité qu'elle marqua dans toutes les occasions où la vie du Prince lui parut menacée de quelque danger. Mais au milieu de tant de revolutions, & sans cesse à la veille de quelque nouvelle disgrace, la tendresse d'une mere pouvoit-elle être un moment sans allarmes ?

On ignore dans quel lieu le corps du prince de Galles fut transporté après la Bataille de Teukelsbury. Un Historien ; assure qu'il fut enterré dans une Abbaye voisine, mais sans la nommer. Cependant il est certain par divers témoignages, que pendant près de sept ans que la Reine passa en France jusqu'à sa mort, elle envoya chaque année un de ses gens en Angleterre, pour rendre à ce Prince & à son Mari les devoirs de sa tendresse & de sa piété sur leur Tombeau. On s'étonna qu'Edouard, en deposant les Cendres de Henri dans l'Eglise de Vvestminster, parut oublier celles du Prince son fils, & l'on ne put s'en imaginer d'autre raison que l'esperance qu'il avoit de justifier le barbare traitement qu'il avoit fait à ce Prince, en affectant de ne le pas reconnoître pour le fils de Henri. J'ai fait remarquer que le Duc d'Yorck, Pere d'Edouard, & tous les Partisans de sa maison, avoient accusé hautement la Reine de l'avoir eu du premier Duc de Sommerset. Mais si ce fut le motif d'Edouard pour lui refuser la sépulture entre les Princes de la Maison Royale des Plantagenets, il faut admirer la Justice du Ciel, qui permit que sa Naissance lui fut contestée à lui-même par ses propres freres, & que le Duc de Glocester abusât ensuite de ce prétexte pour arracher barbarement la vie & la Couronne à ses deux Fils. Entre les Articles qui avoient fait condamner le Duc de Clarence au supplice, on lui avoit reproché, „ d'avoir avancé que le Roi n'étoit „ pas fils du Duc d'Yorck, mais „ d'un autre homme, que la Du„ chesse leur Mere avoit reçû dans „ son lit. „ La mort d'Edouard, ayant suivi de fort près celle de Marguerite, le Duc de Glocester ne trouva point de moyen plus sûr pour usurper la Couronne, que de renouveller cette accusation, & de charger ouvertement sa Mere du crime d'adultere.

Ainsi la vengeance de Marguerite, dont la Providence s'étoit reservé le soin, commença bientôt après sa mort, pour continuer jusqu'à l'extirpation entiere de tous ses Ennemis & ses Persecuteurs. Le Duc de Glocester en fut d'abord l'instrument, & la commença par des coups terribles. Le Roi son frere étant mort, soit du poison qu'il lui avoit fait prendre, soit, comme d'autres Historiens l'ont rapporté, d'une debauche de table qui épuisa subitement ses forces, il ne tarda point à se défaire de tout ce qu'il lui connoissoit de Serviteurs fidéles & par consequent d'Ennemis de la Maison de Lancastre & de la Reine. Quoique ce détail n'appartienne point necessairement à cette Histoire, il peut s'y lier sans violence par le rapport que plusieurs de ces malheureuses victimes ont eu aux principales disgraces de la Reine. On s'interesse dans une vie particuliere, à tous les personnages qu'on a vûs sur la Scéne ; & quelque sorte d'impression qu'ils ayent fait naitre, la curiosité n'est pas satisfaite, s'il manque quelque chose à la connoissance de leur sort.

Le Lord Hastings, par exemple, l'un des principaux soutiens d'Edouard, le Ministre, aussi-bien que le Conseiller de ses plus sanglantes entreprises, & ce qui doit redoubler l'interêt, l'un des Meurtriers du Prince de Galles, semble être ici comptable, si l'on me permet cette expression, des dernieres circonstances de sa fortune & de sa vie. Le service qu'il avoit rendu à la Reine, & les liaisons de tendresse qu'il avoit avec Madame Shore, n'empécherent point qu'il ne demeurât constamment fidéle à Edouard. Il jura la même fidelité aux Enfans de ce Prince, dont l'ainé fut reconnu d'abord pour l'Heritier de la Couronne, sous le nom d'Edouard V. Loin de se défier des vûes du Duc de Glocester, Hastings s'unit à lui pour éloigner des affaires la Reine Veuve d'Edouard, qu'il haïsſoit ; & n'ayant pas peu contribué à faire declarer le Duc, Regent & Protecteur du Royaume, il ſembloit ſe borner deſormais à la poſſeſſion de Madame Shore, qu'il entretint ouvertement après la mort du Roi. Cependant le Duc, à qui il tardoit de ſe voir ſur le Trône, & qui ſentoit de quelle neceſſité il étoit pour lui, ou de s'attacher un Homme ſi redoutable, ou de le perdre, le fit preſſentir ſur ſon deſſein par un de ſes meilleurs Amis. L'ayant trouvé inébranlable dans ſon devoir, il ne penſa plus qu'à s'en delivrer. Je ne ferai que traduire le recit de cette exécution, qui eſt interesſante dans toutes ſes circonſtances.

Le Duc fit aſſembler le Conſeil à la Tour, ſous prétexte de régler la ceremonie du Couronnement du Roi. Il s'y rendit à neuf heures du matin, avec une contenance gaie, & careſſant tout le monde d'un air auſſi libre que s'il n'eut point été troublé par le moindre embarras. Il ſortit après y avoir demeuré quelques momens, & il pria les Seigneurs du Conseil de continuer leurs délibcrations dans son absencer Environ une heure après, il revint avec un visage tout different, fronçant le sourcil, se mordant les lévres, & donnant mille marques d'une violente agitation. Il demeura quelque tems sans parler, & rompant enfin le silence; Mylords, dit-il brusquement à l'Assemblée, comment, croiriez-vous devoir traiter des gens qui auroient conspiré contre ma vie? On fut quelque tems sans répondre, comme si la crainte eut glacé tous les Assistans; mais le Lord Hastings prenant la parole, dit, que ceux qui s'étoient rendus coupables d'un si grand crime métoient, quels qu'ils fussent, d'être punis comme des Traitres. C'est, reprit le Duc, *ma Sorciére* de Belle-sœur, avec ses complices. Cette déclaration fut comme un coup de foudre pour quelques Membres du Conseil, qui avoient toujours été attachez à la Reine, & qui craignoient d'être envelopez dans la haine du Duc; mais Hastings, qui étoit connu pour l'Ennemi particulier de cette Princeſſe, ne pouvoit être ſoupçonné d'avoir la moindre communication avec elle. Le Protecteur retrouſſa la manche de ſon habit, & faiſant voir au Conſeil ſon bras gauche, qui étoit entierement deſſeché; " Voyez, s'é-„ cria-t'il avec une extrême émo-„ tion, ce que cette Sorciére, & la „ malheureuſe Shore, ont fait par „ leurs ſortileges. Elles m'ont ren-„ du le bras tel que vous le voyez, „ & ſi leur infâme complot n'eut „ point été découvert par la pro-„ tection du Ciel, elles auroient „ bien-tôt reduit tout mon corps „ au même état. „ Toute l'Aſſemblée, qui n'ignoroit pas que le bras du Duc étoit deſſeché depuis long-tems, demeura dans une extrême ſurpriſe. On ſçavoit d'ailleurs que la Reine avoit beaucoup d'averſion pour Madame Shore, & quand elle auroit pû former l'entrepriſe dont on l'accuſoit, il n'étoit pas vraiſemblable qu'elle eut choiſi cette Confidente. Haſtings, vivement ému pour l'interêt de ſa Maitreſſe, répondit avec quelques

marques de doute, que si elle avoit été capable d'une action si noire elle meritoit sans doute une severe punition. " Quoi? reprit le Protec-
„ teur, avec un nouvel emporte-
„ ment, vous me répondez par des
„ *si*, comme si j'avois moi-même in-
„ venté cette accusation? Je sou-
„ tiens qu'elles ont conspiré ma mort,
„ & que vous êtes vous-même leur
„ complice. „ En finissant ce terrible discours, il frappa deux fois du poing sur la table, & sur le champ on vit entrer dans la salle une Troupe de gens armez. Alors le Duc, s'adressant au Lord Hastings, lui dit: " Je t'arrête pour crime de
„ haute trahison. Qui, moi, My-
„ lord, répondit Hastings? „ Oui, toi, Traitre, repliqua le Protecteur; & faisant signe à ses gens de se saisir de lui, à peine lui donna-t'il le tems de se confesser au premier Prêtre qui se rencontra. Il n'accorda pas un plus long intervalle pour lui dresser un échaffaut. L'ayant fait mettre sur une poutre qui se trouva dans la Place de la Tour, il ordonna qu'on lui abattit la tête en sa presence.

Hastings étoit le Chef d'une des meilleures Maisons d'Angleterre. Il étoit brave, prudent, fidéle. Mais il avoit dans le fond du caractere une férocité qui le rendoit terrible à ses amis mêmes, & qui ne l'auroit pas fait choisir à un homme vertueux pour le défenseur d'un bonne cause.

Le Comte de Rivers, frere de la Reine Elizabeth, & le Lord Gray, l'un des enfans de son premier mariage, furent décapitez sous divers pretextes. Cette Princesse à qui l'Histoire ne reproche point d'autre crime que le fruit qu'elle avoit tiré des violences de son parti, se ressentit aussi de la vengeance du Ciel, non-seulement par la douleur qu'elle eut de voir arracher de ses bras les deux Princes ses fils, & d'apprendre bientôt qu'ils avoient été égorgez à la Tour, mais par les infortunes personnelles dont elle fut accablée pendant le reste de ses jours. S'étant refugiée à l'Abbaye de Vvestminster aussi tôt que le Duc se fût saisi du jeune Roi, l'Archevêque d'Yorck, qui la suivit dans cet azile, la trouva dans un état digne de compassion, assise sur le plancher, déplorant son sort & celui de ses enfans ; enfin commençant un cours de douleur, qui ne devoit finir qu'avec sa vie. Le Duc de Glocester étant Maitre des deux Princes donna ordre à Brakenbury, Gouverneur de la Tour, de le délivrer de ces deux foibles Concurrens ; mais cet Officier, quoique devoué à son service, n'ayant pû se resoudre à une action si barbare, il lui envoya un ordre signé de sa main, de remettre au Porteur, pour une nuit seulement, les Clefs & le Gouvernement de la Tour. Brakenbury n'ayant pû refuser d'obéir, Tyrrel, qui étoit le Ministre choisi, fit entrer le soir ses Suppôts à la Tour ; & la nuit suivante, pendant que tout le monde étoit livré au sommeil, il tua les deux jeunes Princes dans leur lit, & les fit enterrer sous un petit Escalier. En 1674 un jour qu'on faisoit quelque reparation à cet appartement de la Tour, on trouva des os d'enfans, qu'on prit pour ceux d'Edouard V. & du Duc d'Yorck ; & dans cette supposition, Charles II. qui regnoit alors, les fit placer dans une Urne de Marbre entre les Tombeaux de Vvestminster. On pourroit s'imaginer qu'Elisabeth fut consolée d'un malheur si cruel par la fortune de sa fille aînée, qui monta sur le Trône en épousant le Comte de Richemont ; mais elle eut si peu de part à cette heureuse révolution, qu'elle fut renfermée peu après dans le Monastere de *Bermundsey*, qui lui servit de prison jusqu'à la fin de ses jours.

La soif du sang ne fit que redoubler dans le Duc de Glocester après la mort de ses Neveux. Comme il se croyoit interessé à se défaire successivement de toutes les Créatures de son frere, ses coups sembloient toujours dirigez par le Ciel sur les destructeurs de la Maison de Lancastre. La Duchesse d'Excester, cette femme cruelle, qui avoit traité si durement son Mari, & qu'on ne soupçonnoit pas sans raison d'avoir contribué à sa mort, n'échappa point aux fureurs de son frere. Thomas de S. *Leger*, qu'une passion déreglée lui avoit fait épouser après sa separation, perit à ses yeux par la main d'un Bourreau ; & si la considération de son sexe la sauva du supplice, elle se vit reduite à une situation si miserable, qu'elle prit le parti de se retirer volontairement dans un Couvent. Bientôt la barbarie du Duc, excitée par de nouvelles terreurs, prit une carriere plus vaste pour se satisfaire. Il créa Vice-Connétable un Chevalier nommé *Ashton*, dont il connoissoit le caractere aussi sanguinaire que le sien, & l'ayant revêtu d'un pouvoir si étendu qu'il pouvoit juger sans appel, & faire executer sur le champ tous ceux qui lui paroîtroient suspects de quelque mauvaise intention contre le Gouvernement, il l'envoya dans plusieurs Provinces, avec des ordres secrets de proscription, qui couterent la vie à quantité d'illustres Malheureux. Les Historiens racontent qu'Ashton ayant resolu la perte d'un Gentilhomme des plus distinguez du Comté de Devon, alla descendre chez lui, comme s'il n'eut pensé qu'à prendre quelque rafraichissement dans sa route. La terreur que le seul bruit de sa commission faisoit marcher devant lui, avoit disposé tout le monde à le recevoir avec autant de respect que la personne même du Roi. Le Gentilhomme n'épargna rien pour le bien traiter, & ne se défiant de rien il s'efforça de lui marquer par ses caresses qu'il regardoit sa visite comme une faveur. Après le diner, qui avoit eté somptueux, Ashton lui proposa de faire un tour de promenade aux environs. Il avoit donné à ses Gens des ordres qu'ils avoient eu le tems d'executer. Un Gibet fort élevé, qui se trouva dressé à peu de distance de la Maison, paroissant causer quelque surprise à son Hôte, il lui demanda s'il croyoit pouvoir deviner au supplice de qui il étoit destiné. Le Gentilhomme ayant répondu simplement qu'il l'ignoroit; c'est pour vous, reprit Ashton, & sur le champ il l'y fit pendre par ses Satellites. Ce seroit m'écarter de mon dessein que de m'arrêter trop long-tems à ces funestes executions.

Mais je ne sçais quel nom je dois donner à la triste fin d'une malheureuse Princesse, qui n'a dû paroitre ni assez coupable pour avoir merité son châtiment, ni assez innocente pour inspirer ici autant de compassion qu'on n'auroit pû lui en refuser dans d'autres circonstances. Je parle d'Anne Nevill, Veuve du Prince de Galles, fils de Henri & de Marguerite, & mariée, comme on ne peut l'avoir oublié, au meurtrier de son Mari, au destructeur d'une malheureuse Maison qui étoit devenue la sienne, enfin au Prince cruel dont je raconte ici les fureurs. Il n'àvoit jamais eu pour elle assez de consideration pour faire bien juger du motif qui l'avoit porté à l'épouser. Cependant en usurpant le Trône, sous le nom de Richard III, il l'avoit fait couronner avec lui, & la satisfaction de se voir Reine la consoloit sans doute de mille infortunes qui l'avoient conduite à une si heureuse fin. Mais il tomba dans l'esprit à l'Usurpateur que pour affermir sa puissance, il lui manquoit d'avoir épousé la Princesse Elizabeth, fille & heritiere du feu Roi son frere, & ce fut assez pour lui faire naître le dessein d'ôter la vie à sa femme. Il n'auroit pas eu besoin d'employer le poison, si la dureté des traitemens & des discours avoit suffi. Mais n'ayant pû reussir par ses mepris qu'à la jetter dans une langueur qui ne lui promettoit pas une mort plus prompte, il prit enfin le parti de l'empoisonner. Ce fut le moins heureux de ses crimes, Elizabeth rejetta la Couronne avec horreur, lorsqu'elle lui fut presentée d'une main si detestable. N'ayant qu'un fils, qu'il avoit déja créé Prince de Galles, il eut le chagrin de le voir mourir d'une maladie precipitée, & pendant le reste de son regne, qui ne dura qu'environ deux ans, il s'efforça envain de faire surmonter ses repugnances à la fille d'Edouard.

Mais tant de punitions éclatantes n'auroient point assez justifié la Providence, si celui qu'elle avoit choisi pour l'execution de ses vengeances, & qui n'avoit fait que multiplier ses propres crimes, en servant de

Ministre à la Justice du Ciel, étoit échappé lui-même à l'Arrêt sanglant qui sembloit être porté contre tous les Persecuteurs de Henri & de Marguerite. Il s'étoit rendu tranquille à force de repandre du sang, & lorsqu'après avoir decouvert les projets du Duc de Buckingham en faveur du Comte de Richemont, il crut en avoir coupé le cours par le supplice du Duc, il commençoit à se flater que ses ennemis manquant desormais de hardiesse & de forces, il ne lui restoit qu'à joüir du plaisir de les avoir abbatus. Cependant le Comte de Richemont, dont les esperances augmentoient tous les jours, par les intrigues de la Comtesse sa Mere, & de la Veuve même d'Edouard, dont on étoit convenu qu'il épouseroit la Fille aînée en montant sur le Trône, fit sa descente dans le Pais de Galles, avec plus de bonheur que celle qu'il avoit déja tentée sur la Côte de Cornouailles, & qui avoit couté la vie au Duc de Buckingham. Cette partie de l'Angleterre étant remplie de ses Partisans, il se vit bien-tôt à la tête d'une Armée nombreuse, avec laquelle il s'avança jusqu'au centre du Royaume. Stanley, qui avoit épousé sa Mere, ne balança point à se declarer pour lui, au risque de voir massacrer son fils unique, que l'Usurpateur avoit retenu pour Garant de sa fidelité. L'ordre en fut donné, & ce fut le dernier crime de Richard; car les coups furieux par lesquels il signala son desespoir à la Bataille de Bosworth qui suivit immédiatement, & la multitude d'Ennemis qu'il tua de sa propre main, ne peuvent donner d'ailleurs qu'une haute idée de courage. S'il y eut joint autant de conduite, c'étoit fait peut-être de toutes les esperances du Comte de Richemont & de sa vie même, qui fut attaquée avec une obstination incroyable par ce terrible Ennemi, Richard ayant apperçû le Comte, se jetta au travers de la mêlée pour le joindre. Envain plusieurs Seigneurs tenterent successivement d'arrêter son impetuosité. Après en avoir renversé un grand nombre, il tua le Chevalier Brandon, qui portoit l'Etendart du Comte, & qui s'étoit mis devant lui pour le couvrir. Le Chevalier Chesney ayant pris la place de Brandon fut renversé aussi-tôt d'un coup de Lance. On ne reproche point au Comte de Richemont d'avoir évité le combat ; mais dans le moment que les deux Rivaux alloient decider eux-mêmes leur querelle, le Lord Stanley qui cherchoit à meriter par un service important l'oubli de tous les maux qu'il avoit causez à la Maison de Lancastre, prit l'Armée de Richard en flanc & poussa si impetueusement son attaque qu'il la mit dans un désordre qui ne put être reparé. La confusion que ce mouvement produisit tout d'un coup separa malgré eux les deux Princes ; & Richard, qui se crut trop certain de sa défaite, ne pouvant se résoudre ni à fuir ni à courir le risque de tomber entre les mains du Vainqueur, se jetta avec un cri terrible au milieu de ses Ennemis, où il trouva bientôt la mort qu'il paroissoit chercher.

Il s'étoit fait donner sa Couronne en s'armant pour le combat, dans le seul dessein d'être mieux reconnu.

& de faire souvenir ses Troupes qu'elles combattoient pour lui. Elle fut trouvée par un soldat, qui la remit à Stanley, & ce Seigneur ayant aussitôt joint le Comte de Richemont la lui posa sur la tête, en le felicitant de sa Victoire, & en lui donnant le titre de Roi. " Le corps „ de l'Usurpateur fut trouvé parmi „ les Morts, nud, ensanglanté & „ couvert de boüe. „ Dans cet état on le mit de travers sur un cheval, la tête pendant d'un côté, & les pieds de l'autre, pour être porté à Leicester, où il fut enterré sans la moindre ceremonie, après avoir servi pendant deux jours de spectacle au Peuple.

Ashton & Catersby, les deux plus fidèles Ministres de ses injustices & de ses cruautez, furent faits Prisonniers, par une espece de confirmation du soin de la Providence à ne pas laisser échapper le moindre reste des Ennemis de Marguerite. Ils furent executez deux jours après, sans que le nouveau Roi parût avoir plus de raisons pour les traiter avec cette rigueur que pour épargner

gner une infinité d'autres Prisonniers à qui il prit le parti de faire grace. Et l'aveu que Catesby fit en mourant ne marqûe pas moins combien la protection du Ciel étoit déclarée pour le Restaurateur de la Maison de Lancastre. Ce Perfide, qui n'avoit merité la confiance de Richard que pour avoir trahi les plus honnétes gens de l'Etat, avoit demandé instamment, dans le court intervalle qu'il y eut jusqu'à son supplice, la liberté d'entretenir un moment le Comte de Richemont, sous prétexte qu'ayant été chargé pendant quelque-tems de l'administration du Royaume, il avoit des communications importantes à faire au nouveau Roi. Ceux qui avoient jugé le plus favorablement de son dessein, l'avoient regardé comme une ruse, qui pouvoit servir à lui faire obtenir la vie; & le Comte en rejettant ses offres, s'étoit contenté de repondre, qu'il ne vouloit pas d'une verité qui seroit venue à lui par un Canal si impur. Mais lorsque Catesby fut assûré, par cette réponse, qu'il ne lui restoit aucun espoir à la clémence du Vainqueur, il tira un Poignard, qu'il avoit trouvé le moïen de cacher adroitement dans ses habits; & le jettant par terre avec un furieux dépit; " Qu'il remercie la fortune, „ dit-il, en parlant du Comte, de „ l'avoir servi jusqu'à la fin; car s'il „ m'eût accordé ce que je lui de„ mandois, son supplice auroit pré„ cedé le mien. „

Mais cette prompte & severe vengeance, qui enveloppa successivement tous les Ennemis de Marguerite, n'étoit plus, comme je l'ai remarqué plusieurs fois, qu'une espéce de reparation que la Justice du Ciel faisoit à la mémoire de cette grande Reine, ou une justification éclatante que la Providence croyoit se devoir à elle-même. Marguerite reposoit deja dans le Tombeau de ses Peres; & quand elle auroit été témoin du châtiment de ses Persecuteurs, les sentimens de Religion dont elle s'étoit remplie pendant les dernieres années de sa vie, ne lui auroient fait voir dans ces terribles catastrophes que des exemples de la miser humaine, qui dans un cœur guéri de toutes les passions auroient produit infailliblement plus de pitié que de joye. Le Roi René, pendant le séjour qu'il avoit fait en Anjou, s'étoit fait construire dans l'Eglise Cathédrale d'Angers un Tombeau de Marbre, où son Corps avoit été apporté de Provence. Sa fille y fut placée près de lui, & leurs cendres se conservent encore dans ce Monument.

Les soins que j'ai pris pour me procurer d'autres instructions sur les dernieres années de la Reine, & sur les circonstances de sa demeure en Anjou, m'ont apporté peu de lumieres. On ne trouve dans les Anglois que les détails Historiques que j'y ai recuëillis, & qui regardent moins la vie particuliere de Marguerite que leurs propres affaires. Angers & Saumur, où j'esperois découvrir quelques traces d'un tems qui n'est pas fort éloigné, ne m'ont pas même fourni des éclaircissemens certains sur la demeure habituelle de la Reine. Cependant si l'on joint à diverses raisons qu'on a dû remarquer dans la derniere Partie de cet Ouvrage, quelques recherches dont j'ai l'obligation à la politesse & aux bons offices de M. *du Tronchay*, Seneschal & Lieutenant General de la Senechaussée de Saumur, on se persuadera comme moi qu'elle demeuroit au Château de *Reculée* dans le voisinage d'Angers. Le Roi son pere avoit acheté cette Terre de Pierre *d'Aillon*, le 10. Juin 1467. pour la somme de 213. livres 15. sols. Il y avoit fait bâtir une espece d'Hermitage sur la Riviere de Mayenne, où il alloit prendre quelquefois le plaisir de la Pêche. Dans les vûes qui avoient conduit Marguerite en Anjou, il paroit naturel qu'elle eût choisi pour retraite un lieu consacré par les innocentes occupations de son Pere, & dont la seule description convient au goût que ses malheurs lui avoient inspiré pour le repos de la solitude. L'état où le Château de Reculée est aujourd'hui n'empêche pas de croire qu'il n'ait pû faire une meilleure figure au quinziéme siécle. Il se trouve changé en Cabaret, sous l'Enseigne *du Roi des Gardons*; mais suivant le

Mémoire de M. du Tronchay, il y reste encore quelques Peintures de René. Enfin ce n'est pas le mauvais état du Château qu'il faut faire valoir, pour nous persuader que Marguerite ne pouvoit l'habiter, puisqu'il est certain qu'elle y reçut les Ministres de Loüis XI. qui vinrent lui demander une nouvelle confirmation du Testament de son pere. L'Hermitage du Roi René est aujourd'hui un Couvent de Capucins.

Le Château de Dampierre où Marguerite mourut, appartenoit à François de la Vignole sieur de *Morains*, que j'ai nommé mal à propos *de Vignole*, après quelques Ecrivains Anglois. Il possedoit dans cette Paroisse les Fiefs de *Morains & du Parois*, au premier desquels la Seigneurie est attachée. Les restes du Château de Dampierre consistent dans quelques Mazures, où l'on distingue encore les Armoiries des Ducs d'Anjou, qui en étoient apparemment les premiers Seigneurs. On ignore quel emploi la Vignole occupoit dans la Maison du Roi René; mais la confiance qui porta ce Prince à le charger en mourant du soin de sa fille, doit faire prendre une haute opinion de son merite & de son rang. Il n'est pas surprenant que Marguerite vécût assez familierement avec un homme de ce caractere, pour s'être fait traiter chez lui de la maladie qui la mit au Tombeau.

Le Portrait de cette Princesse se trouve dans un *Vitral* de l'Eglise des Cordeliers d'Angers; distingué apparemment par son nom ou par ses armes, puisqu'on ne me marque point sur quel témoignage on croit que c'est elle qu'il represente. Dom Bernard de Mont-Faucon l'a fait graver dans ses *Monumens de la Monarchie Françoise*, & l'on y reconnoit cette beauté qui fit l'admiration de son siecle. Mais tant de vertus héroiques, dont j'ai renouvellé la mémoire, doivent être pour MARGUERITE D'ANJOU une recommandation bien plus glorieuse aux yeux de la Posterité.

Fin de la quatriéme & derniere Partie.

www.ingramcontent.com/pod-product-compliance
Lightning Source LLC
LaVergne TN
LVHW020605230826
846091LV00002B/604
* 9 7 8 2 0 1 9 6 7 6 4 0 7 *